現代中国経営者列伝

高口康太

JN230193

星海社

108

SEIKAISHA SHINSHO

序章

「失われた20年」と「楽しい成長」

バブル崩壊から約30年、日本はいまだに低成長の只中にある。「失われた20年」の影から抜け出せぬなか、「ゼロ成長でもいい、幸せな生活を」と唱える論者も少なくない。だが、果たしてそんなことは可能なのだろうか。

仕事の生産性が向上する一方で成長がストップしたとなれば、それは労働者の失業を意味している。新たな成長分野は必ず存在するのに総体としてゼロ成長ということは、既存市場が衰退し、減っていくパイを奪い合う残酷な戦いが展開されるということにはかならない。

そんな日本の低迷を横目に、隣国である中国は急速な経済成長を成し遂げた。

中国経済の高成長については日本のメディアもよく取り上げているが、ある重要な点を取り逃しているのではないか。それは「成長は楽しい」という事実だ。今日より明日のほうが給料がよくなる、生活がよくなるという希望。新しいジャンルのマーケットが次々と立ち上がり拡大していくという熱気。低成長が続く日本では感じられない「楽しさ」がそこにはある。環境問題や無秩序な開発がもたらす混乱は確かに存在するが、それでも「成長は楽しい」という実感のほうがより強いのだ。

この「楽しい」成長のなか、時代の追い風に乗って次々と成り上がり起業家たちが登場してきた。この起業家たちは、ともかく強烈な個性派揃いだ。

不良品をハンマーで叩き壊し、やる気のない労働者たちを変貌させた鬼の管理人。三輪自転車のヨーグルト売りから出世し、国際資本から中国を守る愛国英雄となった男。常に鉄火場に飛び込み続ける軍人経営者。負けん気の強さと圧倒的な弁舌の力で世界的ＩＴ企業を作り上げた男。そして、憧れのスティーブ・ジョブズになろうとプレゼンスタイルを物まねするばかりか、コスプレまでしまった天才プログラマーなど、いずれも魅力的な個性を放っている。

本書は、１９８０年代以降の中国経済急成長の時代を代表する起業家8人の人物伝である。強烈すぎる人物たちの立志伝を通じて、隣国・中国の熱気あふれる時代を活写したい。

明治維新と高度経済成長が一気にやってきた

中国の人口は日本の約10倍だ。そこから考えれば、興味深い人物の数も日本の10倍いておかしくはない。だが問題は人口だけではない。乱世の英雄たちが出現するためには、時代の追い風という条件も必要だ。

この30年間の中国の経済成長は、盆と正月が一緒に来たならぬ、「**明治維新と高度経済成長が一気にやってきた**」状態である。すなわち、国家財産の払い下げや政府主導の企業育成プロジェクトによって次々と新たな企業が登場してくる明治維新モード。大躍進や文化大革命の失敗による焼け野原から再生するなか、ハングリー精神に富んだ民間の企業家たちが頭角を現していく高度経済成長モード。日本では2回に分かれていた高成長が同時に到来した、お祭り騒ぎの時代なのだ。

その結果、中国のGDPは2010年に日本を追い抜き、世界第2位の座についた。日中逆転から7年が過ぎた2016年、中国のGDPは11兆3910億ドルに達している。一方で日本は4兆7300億ドルにとどまっており、肩を並べた状態からたった7年で2・4倍もの大差をつけられてしまった。さらにさかのぼれば1980年時点で中国のGDPは3050億ドルしかなかった。当時の日本は1兆860億ドルと中国の3・5倍だ。ここから40年足らずの時間で日本は中国に一気に追い抜かれ、置き去りにされてしまった。

これほどの奇跡的成長をなしとげたのだから、習近平総書記がかつての中華帝国の栄光を取り戻すと息巻き、「中華民族の偉大な復興」をスローガンとしているのも理解できる話である。

励志書籍から読み解く中国経済史

時代の追い風に乗って登場した、個性豊かな起業家たち。残念ながら日本では、これまで彼らの魅力に光があたる機会は少なかった。

ビジネス誌で取り上げられる場合には、その時点の企業の特長が中心となる。また、経済学や経営学の対象にはなっているものの、あくまで学術的な研究であるため破天荒な魅力を活写することは難しい。中国で出版された伝記の日本語訳も刊行されているが、あくまで中国人読者を想定して書かれたものであるために、予備知識がない人間はなかなかすんなりと入り込めない。

中国では、一代でのしあがった創業者たちの成功物語を「励志《れいし》書籍」と呼ぶ。「励志」とはすなわち志を励ますの意で、日本でいうところの自己啓発書に近いニュアンスを持つ。

以前はビル・ゲイツ、ウォーレン・バフェット、本田宗一郎など海外の成功者が人気だったが、近年では中国人成功者の本が人気を高めており、書店に行けば必ず目立つ場所で大きく展開されている。ベストセラーランキングでもたびたび上位につける人気のジャンルなのだ。

「励志書籍」では、当該人物がどのようなキャラクターの持ち主なのか、成功に直結した能力はなにか、そして事業を軌道に乗せた最初の成功「**第一桶金**」(中国語で最初につかんだ富の意)とはなにかについて書かれているのが常だ。ファーストステップをいかに成功させるか。これが最大の売りであり、読者が最も興味を持つ点だ。また、「励志書籍」以外にも、『中国企業家』『南方人物週刊』『人物』といった企業家の人となりにスポットをあてた雑誌も少なくない。お祭り騒ぎの時代において、次は自分こそがと成功を狙う人が無数にいるだけに、「励志書籍」など企業家物の読み物は驚くほど充実しているのだ。

フリージャーナリストである私は、仕事として中国の企業家について調べることも多いのだが、仕事を離れても「励志書籍」の大ファンである。魅力的な人物がごろごろしているばかりか、それを伝えるメディアも充実している。活気あふれる分野である。彼らの魅力、「励志書籍」の面白さが日本に伝わっていないのは残念だと常々思ってきた。それならば自分で伝えよう、彼らの人物伝を通じて中国経済史を理解する入り口となる本を書いてみようと考えたのが本書執筆の動機である。

中国ビジネスを知らないでは済まされない時代に

中国の企業家について知ることは、たんに面白いだけではない価値もある。なぜなら、いまや中国経済や中国企業に関する知識は、日本の社会人にとって必須の教養のひとつになりつつあるからだ。

グローバリゼーションが進むなか、日本企業が中国企業に買収されることも、その逆も今後ますます頻繁になっていくだろう。あるドキュメンタリー番組では「中国企業に買収された箱根の温泉旅館、日本式とはまったく違う中国式経営に日本人社員はてんてこまいです」というエピソードが放送されていた。この番組に限らず、最近では金満中国企業に振りまわされる日本という構図が定番になっているようだ。

だが、**いつまでも外資に買収されて戸惑う日本人でいていいはずがない**。現実を見れば、中国資本と冷静かつしたたかにつきあう日本企業が増えつつある。現実離れしたステレオタイプに縛られて、中国企業をバカにしたり、恐れたりするのではなく、そのリアルな姿を知るべき時が来ているのだ。私は以前に中国ＩＴ企業の雄、騰訊（テンセント）と資本提携をした株式会社Ａｉｍｉｎｇの椎葉《しいば》忠志《ただし》社長のお話をうかがったが、「金は出すが口は出さず」の一方でグローバルに展開することで豊富な情報を持っており、理想的なパートナーだと絶賛していた。

もちろんいい話だけではない。Ａｉｍｉｎｇの主力ゲーム『剣と魔法のログレス　いにしえの女神』は２０１６年に中国でサービスを開始したが、配給元は騰訊ではない。テンセントは自社が保有する製品ラインナップを考えた上で『ログレス』のリリースを見送ったという。

日本的な発想だと、系列会社の製品ならば徹底的にサポートするのが義理であり、あまりにドライすぎると感じるところだが、Ａｉｍｉｎｇも当然のこととして受け入れ、資本関係のない新興配給会社スカイムーンズ社と提携した。スカイムーンズ社のラインナップには『ログレス』と同系統の作品がなく手厚いバックアップが受けられるとの判断だ。グループ企業ががちがちの協力関係を築く日本とは異なり、中国ではこうした緩やかな関係、実利を見極めた判断が多い。本書の中でも似たような構図が繰り返し登場してくる。

また日本住宅設備機器メーカー、ＬＩＸＩＬは２０１４年にドイツの同業大手グローエを買収したが、ドイツ企業を買収したことで中国で莫大な損失を被《こうむ》っている。それはなぜか。グローエは実質的には中国企業ジョウユウの傘下にあり、同社がシャドーバンキングによって巨額の損失を計上したためであった。ＬＩＸＩＬは事態を収拾できずに混乱するが、それというのも買収の条件としてジョウユウの創業者社長・蔡建設《さいけんせつ》氏の経営権維持を認めていたためであった。なんでそのような条件にしたのか、日本では驚きのニュースと報じられたが、私は既視感を覚えながらその報に接した。なぜなら、本書第3章で取り上げるワハハとダノンの係争にそっくりだからだ。

繰り返そう。**中国経済、企業、文化を知ることは今や不可欠の教養なのだ**。知らないでは済まされない、いつ私たちに直接関係してくるか分からない時代なのである。

前史としての新中国の経済

さて、本書では１９８０年代に登場した起業家から取り上げていくが、その前史を簡単にご紹介しておこう。

第二次世界大戦が終結し、１９４９年に中華人民共和国が成立する。その後、中国では旧ソ連型の社会主義計画経済が導入される。市場経済とは異なり、中央集権化された政治体制によって経済リソースの配分を決めるシステムである。このシステム下では、どのような製品・サービスをどれだけ生産するかという、本来は企業が行うべき意思決定を政治が担うこととなった。そのため、現実にあわない計画を官僚主義的に遂行する問題が広がり、経済活動の大きな障害となった。

また、1958年から3年にわたり続いた**大躍進運動**に象徴されるように、政治の号令により過大な目標を遂行しようとしたあげく経済的に失敗するという事例もあった。大躍進の失敗により3000万人以上が死亡し、国家経済は30%以上も縮小したとされる。

さらに、社会主義計画経済体制のもとでは私有財産の所有が否定され、都市部の住民は単位（職場）に戸籍を登録し、農村部では合作社、人民公社と呼ばれる組織に登録し、すべてが集団所有という形態となる。

政治の理想はうるわしくとも、一般の人々はより現実的だ。今日まで自分の財産だったものが、明日からは共同所有になるとあっては面白いはずがない。農村では集団所有が導入されるときまるや、手持ちの家畜をすべて処理して楽しく大宴会をしてしまったというエピソードまであったという（姜克實『現代中国を見る眼』丸善、1997年）。

加えて、大学卒業者は「分配」と呼ばれる、お上によって就職先を決められる制度があったため、自らの創意工夫で出世することは難しかった。計画を決める役人とのコネがきわめて重要な意味を持つため、画期的なサービスを生み出す力よりも人間関係を構築する力が求められたのだった。

特に、1966年から1976年まで続いた文化大革命の時代にあっては、社会主義の理想を堅持しようとの圧力が高まったため、資本家的行為は厳しく排斥された。人々も批判を恐れ、独自の才覚を発揮しないよう配慮していくようになった。

改革開放という「時代の追い風」

こうした状況が大きく転換するのが1970年代末から始まる**改革開放政策**である。鄧小平《とうしょうへい》の旗振りの下で始まったこの経済改革では、市場経済と外資の導入によって、中国経済を大きく発展させることを目的としていた。

もっとも、一夜にしてすべてが変わったわけではない。部分部分で制度が変わり、漸進的な改革が進んでいった。改革開放初期においては計画経済と市場経済が両立する不思議な世界が展開されていたのだ。自ら会社を作り新たな製品を製造することは奨励されるが、部品などはすべて計画経済によって政治が割り当てを決めるといった矛盾した状況がそこにはあった。お上との関係を良好に保ち、計画経済的な面での利益を得ると同時に、積極的に市場経済的な企業活動に挑戦していく。１９８０年代に頭角をあらわした経営者たちは矛盾をそのまま受け入れ、ジャンプ台とすることで成長を遂げていくのである。

本書で取りあげる一人目の人物も、そういった矛盾の中から頭角を現してきた起業家のひとりだった。

目次

第2章 日本企業を駆逐した最強の中国家電メーカー 張瑞敏（ハイアール） 49

第3章 ケンカ商法暴れ旅、13億人の胃袋をつかむ中国飲食品メーカー　娃哈哈（ワハハ） 75

第5章

不動産からサッカー、映画まで! 爆買い大富豪の正体とは 王健林(ワンダ・グループ) 119

凡例

・中国企業は原則的に漢字表記とし、初出時に（ ）書きでピンインに基づく読みや欧米でのブランド名を付した。

・金額表記は当時の年間平均換算レートに基づいて（ ）書きで日本円換算額を付した。

第1章

「下海」から
世界のPCメーカーへ

VCG

「企業経営とはすなわち人間経営だ。
小企業は事業をなすが、
大企業は人を作らねばならない」

『励志網』

柳《りゅう》傳《でん》志《し》

Liu Chuan Zhi

世界一のPCメーカー・**聯想**（レノボ）を
築いた「ビジネス界のドン」

柳傳志

年表

1944年	0歳	江蘇省鎮江市で生まれる。
1966年	22歳	西安軍事伝訊工程学院を卒業、軍事研究所に就職する。
1968年	24歳	農村に2年にわたり下放される。
1978年	34歳	改革開放政策が始まる。
1979年	35歳	米中国交正常化。
1984年	40歳	国有企業改革により、中国に初の株式会社が誕生。
		北京計算機新技術発展公司を創業する。
1986年	42歳	日本のバブル景気はじまる。1991年に崩壊。
1987年	43歳	漢卡（漢字ボード）を発売。
		ASTリサーチと代理店契約。
1989年	45歳	天安門事件。
1990年	46歳	聯想初の自社ブランドコンピューターを発売。
1992年	48歳	南巡講話。社会主義市場経済路線が確立。
1994年	50歳	外資の中国市場参入規制を緩和。
		香港証券取引所に上場。
		低価格デスクトップパソコン「Eシリーズ」を発売。
1996年	52歳	中国市場でシェア1位に。
2000年	56歳	ドットコムバブル。
		日本をのぞくアジア太平洋地域のシェア1位に。
2001年	57歳	中国がWTOに加盟。
2002年	58歳	胡錦濤体制が成立。
2004年	60歳	IBMのPC事業を買収。
		五輪のトップパートナーに。
2008年	64歳	リーマン・ショック。
2009年	65歳	日中のGDPが逆転。
2011年	67歳	NECのPC事業を実質傘下に収める。
2012年	68歳	習近平体制が成立。
2013年	69歳	世界市場でシェア1位を獲得。
2014年	70歳	グーグルからモトローラ（携帯電話製造部門）を買収。
2015年	71歳	日本を訪れる中国人観光客が増加。「爆買い」が流行語大賞に。

世界のＰＣ業界に君臨する巨人、それが聯想集団有限公司（レノボ）だ。１９８４年の創業から12年後には中国最大のパソコンメーカーに成長、20年後には米ＩＢＭのパソコン事業を買収し、世界的なメーカーへとのしあがった。

その後も積極的な買収を続け、日本ではＮＥＣのパソコン部門を傘下に収めたほか、現在は富士通、東芝の買収交渉も進められている。

この奇跡的な成長はどのように実現したのか。「中国ビジネス界のドン」とたたえられる創業者・柳傳志の歩みを追ってみよう。

ハイテク企業の仮面を被った販売の鬼

北京《ペキン》市の西北に位置する海淀区《かいでんく》中関村《ちゅうかんそん》。現在、「中国のシリコンバレー」とも呼ばれるこの地は、北京大学や清華大学といった名門大学やマイクロソフト、インテルなどの海外企業の研究開発センターが集中する、中国きってのハイテク企業の集積地として知られている。

1984年、この中関村で聯想（レノボ）は誕生した。創業メンバーは**柳傳志**《りゅうでんし》をはじめとする11人。いずれも中国科学院計算技術研究所のメンバーだった。

中国科学院は国家を代表する研究機関だ。日本ならば理化学研究所のような存在である。その計算技術研究所は大型コンピュータの開発、運用を担当している。今現在は優秀な研究者をそろえ、潤沢な資金を注ぎ込んで最先端研究に没頭している一流研究所だが、当時はともかく金がない時代だ。中国を代表する研究所ですら例外ではない。研究機関による企業設立は今風に言うならば産学連携だが、自力更生、すなわち自分の食い扶持は自分で稼げというのがより現実にあった表現だろうか。

聯想が創業した1984年は、中国経済史にとっては大きな里程標となった一年だった。1978年の三中全会（中国共産党第十一期中央委員会第三回全体会議）において改革開放政策がスタートしたが、これまでの計画経済から経営自主権を保障した生産責任制が導入された。ただしこの時点では対象となったのは農村だ。都市部での改革は1984年の三中全会（中国共産党第十二期中央委員会第三回全体会議）が起点となる。また1980年に深圳《しんせん》など4つの経済特区が制定されたが、1984年には広州市や上海市など14都市が新たに開放都市に指定された。

この年に無数の企業が誕生し、後の大企業へと成長していく。中国の作家、陳潤《ちんじゅん》は『創始者1984：中国商業教父的時代命運与崛起重生』（『創業者1984：中国ビジネス界のドンたちの時代的運命と台頭』華中科技大学出版社、2015年）という印象的なタイトルの「励志書籍」を出版している。まさに1984年が転機であったことを如実に表す書名だ。時代の画期に現れた無数の企業、その最大の成功者が聯想だ。

もっともこの変化はただちに広がったわけではない。ありとあらゆる場所で政府機関が許認可の権限を握っていたうえに、商売を手がけることは資本主義の走狗《そうく》と批判されるのではない

聯想最初のオフィス。創業の聖地として公式サイトに写真が掲載されている。
（出典：http://www.legendholdings.com.cn/Pages/OurHistory.aspx）

かとの不安も根強いものがあった。

次第次第に社会の雰囲気は変わっていく。そうした中で生まれた言葉が「**下海**」だ。時代の潮流にのって新たに起業し民間ビジネスを手がけることを意味する。計算技術研究所もその例外ではない。文革の傷が癒えず国家財政が困窮するなか、いつ予算が削減されるかわからないという瀬戸際にあった。そうしたなか自力で稼ぐための「下海」が必要だったのだ。

計画経済のなかで、しかも研究者という商売とはほど遠い世界で生きていた人々が会社を作って果たして成功できるのだろうか。実際、11人の初期メンバーの中にも不安を感じていた者は多かったようだ。当初、総経理（社長に相当）を務めたのは王樹和《おうじゅわ》という人物だったが、リスクのある企業家生活を送るよりも研究所に戻りたいと希望していた。結局、創業２年後の１９８６年に王は会社を離れ、研究員として復帰することになる。

その後に社長の座についたのが本章の主人公である柳傳志だった。創業時の肩書きは副総経理で、王樹和を支える職務だったが、実際には立ち上げ当初から指導力に優れた柳がリーダー的存在だったという。

柳はどのような人物なのか。その生い立ちを見ていこう。１９４４年生まれ。西安《せいあん》軍事電訊工程学院（現在の西安電子科技大学）の出身だ。学生時代は文化大革命を支持する造反派として活動した経歴を持つ。卒業後は四川省《しせんしょう》成都市《せいとし》の国防科学技術工業委員会旗下の研究所でエンジニアとして働いたが、68年からの2年間は農村での労働を命じられる。そして70年に計算技術研究所に配属された。起業までの14年間、エンジニアとして働き続けたが、目立った業績はない、平々凡々とした研究員だったという。この柳を含めた計算技術研究所の11人のメンバーが中国科学院計算所新技術発展公司（1989年に聯想集団に改称）を創設する。

84年当時、すでに「下海」はすでに相当の広がりを見せていた。中関村にも40を超える企業が誕生していた。なかでも信通、四通、京海、科海の四社はいずれも元中国科学院のメンバーが創業した企業で、「二通二海」と呼ばれる巨頭として存在感を示していた。聯想は遅れてきた参入者という立場だったが、先行者と違うのは計算技術研究所を辞職せず、その傘下の企業という位置づけを取ったことだ。

そもそも当時の中国は改革開放に舵を切ったとはいえ、まだまだ社会主義制度が色濃く残っている。戸籍ですら「単位」と呼ばれる職場に帰属しているのだから、辞職は容易なことではない。また公的機関や国営企業の側も膨れあがった人員を食わしていくのは容易ではないため、自力で稼いでくれるのならば万々歳というこすい考えで「下海」を後押ししていた。

柳たちの判断は失敗した時に元の職場に復帰できるようにとの慎重さゆえだったが、結果的には国家機関所属の企業だったことがその後の成長を支える要因となった。たとえば聯想が最初にまとまった金を稼いだのは、計算技術研究所に納品されたPCのセッティングだった。ともかくできることならなんでもやるという姿勢だった。農村から大根を買ってきて路上で売るということまでやっていたという。

聯想の最初の目玉商品は「**漢卡**」（**漢字ボード**）だ。当時の中国では政府機関や企業を中心にコンピューターが導入されつつあった。ただしそのままでは中国語の表示、入力はできない。そこで登場したのが拡張ボードの一種、漢卡だ。当時のコンピューターにはアジア言語の表示、入力は困難だった。今のようにソフトウェアで解決することは難しかったのだ。この事情は日本でも同じだ。日本語の表示・入力をサポートする漢字ROMが販売されていたが、中国でも同様の製品が登場していたわけだ。

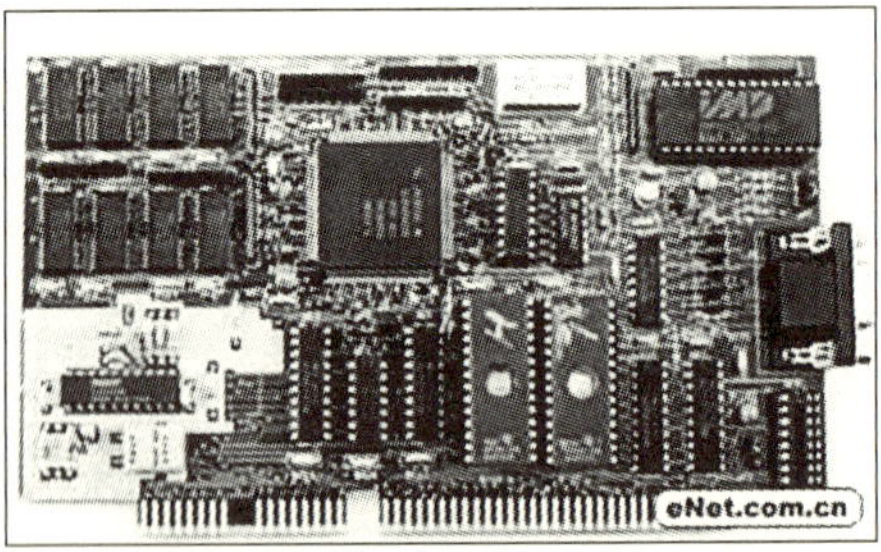

聯想最初の看板商品である漢卡。当時のコンピューターで中国語の表示、出力をするためには、この無骨な拡張ボードが必要となった。（出典：http://ascii.jp/elem/000/000/947/947944/）

各社がさまざまな製品を販売していたが、聯想の製品はその中でもひときわ高い完成度を誇っていた。それもそのはず、実は漢卡の基礎技術は聯想で開発されたものではない。計算技術研究所で長年にわたり、コンピューターでの漢字入力について研究を続けていた天才エンジニア、倪光南《げいこうなん》の発明品である。柳は創業翌年の1985年に倪光南を口説《くど》き落とし、会社に迎え入れることに成功している。

聯想の漢卡は予測変換が売りだった。今では当たり前の機能だが、当時は画期的な技術である。後に社名を聯想と変えたのも漢卡の聯想（連想）変換に由来しているほどだ。聯想式漢卡は85年に最初の製品が販売され、その後もバージョンアップを繰り返した。88年には中国国家科学技術進歩賞一等賞を受賞するなど高い評価を得て、聯想の技術力を象徴する製品となった。

国の研究所のメンバーが創業し、最新鋭の科学技術製品が目玉商品となれば、技術が売りのハイテク企業そのものだ。当時の聯想も技術力の高さを宣伝していた。だが、実情はというと、利益の多くはもっと泥臭いやり方で稼ぎだされたものだった。

当時の中国はともかく物不足の時代である。改革開放政策が始まったとはいえ、山のように規制や許認可があるため、簡単に輸入をすることはできない。支払いに必要な外貨の入手すら一筋縄にはいかないのだ。逆にいえば、輸入販売のハードルが高いだけに、許認可を得て外貨を調達できさえすれば、それだけで大きな利益をあげることができる。輸入品を右から左に流せば、価格は2倍になったという。ここで聯想のバックボーンが生きてくる。中国科学院のつてとコネを最大限に活用することができたのだ。こうして輸入許可を持つ企業からテレビやコンピューターを仕入れ販売するビジネスが大当たりする。**これが柳傳志の第一桶金だ。**しかも、輸入したコンピューターには漢卡のセット販売も見込めるというおまけつきである。

漢卡という最新技術を持つハイテク企業の顔を持つ一方で、実際には政府との太いパイプが利益の源泉という輸入商社。この表と裏の顔を使い分けながら、聯想は着実に規模を拡大させていく。1987年には米国のコンピューター企業「ASTリサーチ」と代理店契約を交わし、優先的にPCを確保することも可能となったことでさらに成長にはずみがついた。

独自技術の開発よりも実際の販売と利益を優先する。これは現在にいたるまで聯想のDNAとして染みついている。**このDNAは「貿・工・技」（販売・製造・技術）という柳の言葉に象徴されている。**3つの言葉は優先順位を示している。独自の技術追求よりも安定した製造のほうが大事。そして製造よりも販売を優先しなければならないというわけだ。柳自身も計算機研究所では研究者として働いていたのだが、華々しい業績は残していない。技術者ではなく、根っからの商売人だったということだろうか。

柳とは真逆のキャラクターだったのが天才エンジニアの倪光南だ。総工程師という技術系トップの肩書きを持つ倪は、ひたすらに漢卡の開発に没頭する。その功績が認められて1994年に第一期の中国工程院院士に選出されている。院士とは国家最高の科学者に与えられる地位である。もっとも、聯想の技術力をアピールしブランド力を高めるべく、柳が働きかけて押し込んだという側面もあったようだ。

柳は看板としての倪の価値を高く評価し、当時は自分が前に出ないようにと気をつかっていたほどだ。倪光南こそ聯想の看板であり、技術企業としてのシンボルであった。院士の肩書きはたんなる個人的名誉ではなく、会社のブランド構築に不可欠な看板だった。

この「ハイテク企業としてのポジションを保ちつつも、実際はパソコンの輸入販売や組立で稼ぐ」という聯想の戦略は1990年代に入り、破綻することになる。技術バカの倪が会社の利益をすっからかんにする勢いで、資金を漢卡の研究開発費に注ぎ込んだためだ。

最大の問題は、漢卡が時代遅れの技術になったことにある。CPUの向上に伴い、ソフトウェアによる漢字入力システムのほうが優位になっていったのだ。漢卡は金食い虫なばかりか、売れ行きすら落ちていったのである。それでも倪は自らの人生をささげた漢卡の開発をあきらめきれなかった。あくまで開発続行にこだわる倪に、柳は開発中止を言い渡す。ここに会社のシンボルである技術屋と販売の鬼であるトップとの対立が生まれた。

二人の関係はやがて感情的対立に発展。ついに倪が「柳に横領の容疑あり」と国に訴える事態へといたった。結局、二人の対立は1995年に倪は総工程師を解任され、1999年には解雇されるという結末にいたる。

後に聯想が上場した際、初期メンバーの倪には相当分の株式を得る権利があったが、柳は断固として株を分け与えることを拒んだ。人生を賭けた漢卡を奪った柳に対し倪は恨み骨髄だったが、柳もまたかつての看板エンジニアに対し許せない思いがあったのだろう。かくして、柳が株の代わりに現金で支払うと提案し、倪は金も要らないと突っ返す、子どものような意地の張り合いが展開された。

ともあれ、看板であった倪光南を排除したことで聯想はハイテク企業という仮面を脱ぎ捨て、販売力第一という企業文化を先鋭化させていった。

窮地をしのいで中国一のPCメーカーに

1990年、聯想は自社ブランドのPCを販売した。もっとも自社ブランドとはいっても独自に製造した部品は漢卡とマザーボードのみ。あとは外国企業の部品を組み合わせただけの代物だ。それでも、我々は中国を代表する民族企業である、国産PCの開発に成功した、と大々的にアピールしている。

興味深いのは、部品の中でもマザーボードだけは自社生産にした点だ。CPU、メモリ、ディスプレイなどのパーツの中でもマザーボードは必要な技術レベルが低かったというのが最大の要因だが、それに加えてマザーボードメーカーはCPUメーカーと密接な関係を築くため、いち早く最新情報を入手できるというメリットが大きかった。CPUサプライヤーのインテルと密接な関係を築くことで、聯想は他の中国PC企業に先がけて最新鋭規格の製品を販売することができた。実際、聯想は1991年に中国で初となるインテル486搭載PCを発売している。

インテルとのパイプという武器を得た聯想だが、その後大きな壁に直面することになる。それは1992年以降から始まる海外メーカーの中国市場参入であった。1989年の**天安門事件**後、各国は中国を非難し、貿易額も激減した。それが回復基調に戻ったのは1

992年のこと。1月に最高指導者の鄧小平が南巡《なんじゅん》講話を行い経済改革を断固死守するとの方針を明確にした。10月には天皇が中国を訪問。これを機に中国の対外貿易は回復していく。

経済改革を断固死守と言えば聞こえはいいが、外資進出の規制緩和によって多くの中国企業はパニックに陥った。これまで分厚い貿易障壁によって守られてきた聯想も例外ではない。ヒューレット・パッカードやエイサーなどの海外の競争で鍛え上げられたPCメーカーが次々と中国市場に参入してくるのだ。

聯想だけではなく、中国PCメーカー全体が外資系に押されて大崩れとなった。当時、中国企業の市場シェアは22％にまで落ち込んでいる。外資のシェアが8割近くに達したのだ。国産メーカー総崩れのなか、聯想もまた例外ではなかった。値下げを繰り返してどうにか在庫をさばこうと試みるも、利益率は急降下。値下げしても売れずに在庫は大きく積み上がっていく。

規制緩和によって、これまで守られてきた業界がぼろぼろになるのはよくある話だ。問題はそこで崩壊してしまうのか、それとも激しい競争によって自らをレベルアップさせることができるのかという点にある。聯想は見事にこの試練に打ち勝った。危機を乗り越えた後の1997年には中国PC市場でシェア一位の座に君臨することになる。

数々の海外メーカー、数多ある国内のライバルをどのようにして打ち破ったのか。聯想成功の秘密は3点に集約される。第一に愛国心への訴えだ。当時の中国では海外製品の大量流入により、民族ブランド（国産ブランド）が壊滅するのではとの危機感が高まっていた。1996年には「中国ブランド大会」なるシンポジウムまで開催されている。海外企業の参加はお断りというこのイベントでは、現状はアヘン戦争後の半植民地状態と同様だと訴え、「**祖国の滅亡を救い、民族工業を振興せよ**」、中華民族は外敵に打ち勝たなければならないと熱く語られた。

席上、柳は「中国から民族工業が失われたらどうしますか?」と質問され、「どうもこうもない。食い物にされるだけだ」と語っている。こうしてたんなる一企業ではなく、外敵と戦う救国英雄としての地位を固めていった。

第二に独自ブランドの強化だ。1994年5月、聯想はEシリーズという低価格デスクトップパソコンを発表する。ここでマザーボード製造への参入が生きてくる。インテルとの太いパイプからいち早く情報を入手し、また優先的にCPUの割り当てを受けることができた。

こうしてリリースされたEシリーズはインテル386を搭載しながら初めて1万元（約11万9000円）を切ったコストパフォーマンスが売りだった。梱包材からパソコンケースまで徹底的にコストダウンを図って実現した価格だ。品質やデザインでは海外メーカーにはかなわなかったが、価格的に強い訴求力を持っていた。

そして第三に販売網の整理だ。従来、中国メーカーのパソコンの販売は卸売方式が取られていた。メーカーの仕事は工場から出荷するところまで、どのような売り方をするかは小売店次第だったというわけだ。

聯想は中国メーカーとしてはいち早く代理店モデルを導入した。小売店とは契約を交わし、全国一律の値段で販売する。代理店は販売台数に応じて利益を受け取るという内容だった。専売店モデルは中国に参入したヒューレット・パッカードの手法をまねたものだが、聯想の販売網はより深く、中国各地津々浦々にまで展開した緻密なものだった。

愛国主義、コストパフォーマンス、強力な販売網。この3点セットはPC市場だけではなく、家電や飲料品、スマホなどさまざまな分野でも繰り返される、中国市場における勝ちパターンだ。本書で取り扱う他のメーカーでもたびたび出現する必勝パターンである。聯想はPC分野でこの勝ちパターンにはまり、見事中国トップの座を獲得した。その後、2000年には日本をのぞくアジア太平洋地域のトップシェアを獲得し、高成長を続けることになる。

ヘビがゾウを飲み込む買収で世界一のPCメーカーへ

中国を制した聯想が次に目指したのは世界だった。2001年の経営戦略では売り上げの20%を海外で稼ぐとの野心的な目標が掲げられた。しかし世界の舞台では愛国心も武器にならなければ、地べたをはうような販売店網作りも難しい。アジア太平洋地域のトップシェアといっても、それは中国市場だけで稼ぎ出したものだ。海外で勝利するための武器を聯想は持っていなかった。聯想だけではない。販売数だけを見れば世界的企業だが、実際に通用するのは中国だけ、海外市場では勝てない。これは幾多の中国企業が繰り返す構図だ。

サッカー・中国代表は国内では強豪相手にもそこそこの成績を残すのに、アウェイではるか格下にもころっと負けてしまう。内弁慶はサッカーチームにも、企業にも共通する悩みと言えそうだ。

かくして、ホームアドバンテージが存在しない海外で聯想は手痛い打撃を受ける。東南アジア市場では大敗北を喫し、売り上げは全社のわずか3%にしかならないというていたらくとなった。欧州ではそれ以上の惨敗ぶり、進出してわずか1年での撤退を余儀なくされた。

独力での海外進出に失敗した聯想が選んだのはM&Aという活路だった。当時、世界第4位のシェアを誇るIBMのPC部門の買収を決めたのだ。聯想は中国一の企業とはいえ、世界的にはトップ5にすら入っていない。「**ヘビがゾウを飲み込む**」買収と言われた。

ビジネスユーザーが多く、ハイエンド向けの製品が主流だったIBMと、低価格でコストパフォーマンスが売りの聯想ではユーザー層がまったく異なる。中国企業に買収されたことでIBMのユーザーは半減してしまうのではないか、など悲観的な予測まで飛び交っていた。

ところが蓋を開けてみればIBMのシェアはまったく衰えなかった。それどころか「中国国産メーカー」の肩書きを手にしたことで中国市場での売れ行きが大きく伸び、聯想とあわせたシェアは30%にまで達している。契約では2009年までIBMの商標を使うこ

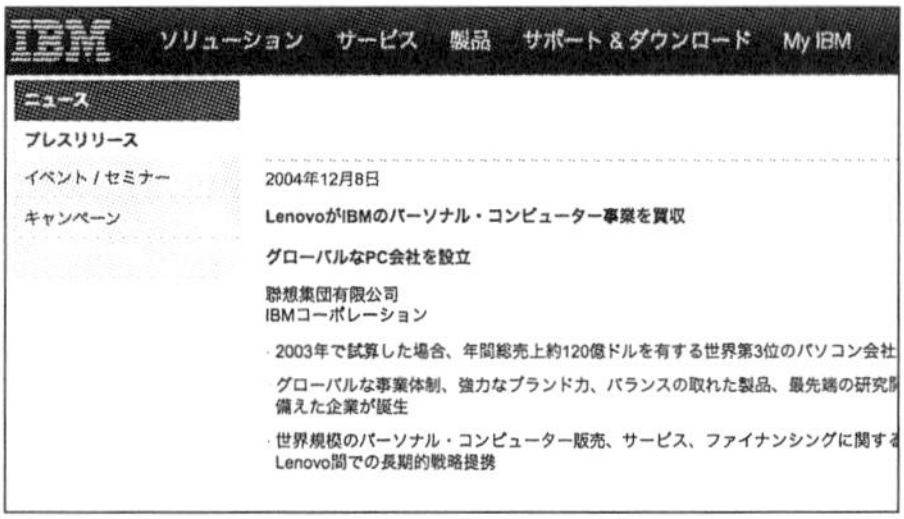

PC部門買収を伝えるIBMのプレスリリース。
（出典：http://www-06.ibm.com/jp/press/2004/12081.html）

とが許されていたが、好調を追い風に聯想はわずか3年でLenovoという自社ブランドに統一している。

その後も聯想は積極的な買収戦略を繰り広げる。2011年には2億3100万ユーロ（約257億円）で独メディオン社を、2012年に3億レアル（約82億円）でブラジルのデジブラスグループを買収したほか、日本のNECと合弁企業を作り、そのPC分野を実質傘下に収めている。さらに現在では富士通、東芝のPC部門の買収交渉も噂されている。

買収戦略と同時に展開されたのが世界的な広告戦略によるブランド力向上だった。2004年のアテネ五輪、2008年の北京五輪で聯想は五輪のトップパートナーとなった。世界でもわずか12社しかないトップパートナーになるためには多額の投資が必要だ。聯想は契約金だけで6500万ドル（約70億円）を支払ったほか、大会での製品やサービスの提供など莫大なコストを費やした。

上述したとおり、世界的には弱小メーカーだった聯想には重い負担だったが、世界での知名度向上と中国における民族ブランドとしての地位を固めたことを考えると、有効な広告戦略となった。「中国ブランド価値トップ500ランキング」では第1回となる2004年に4位、翌年と翌々年に2位を獲得。今も上位を占めている。

ＩＢＭを買収した時点で、デル、ヒューレット・パッカード、ゲートウェイに次ぐ世界4位というシェアを持っていたが、そこから王座獲得への道は意外な形で訪れた。買収によってシェアを積み増したという側面もあったが、それ以上にライバルが落ち込んでいったのだ。

２００8年の世界金融危機によってPC市場は一気に低迷。２０１1年以降はスマートフォンの台頭により世界のPC出荷台数はマイナス成長に陥った。その中でも比較的堅調な中国市場を基盤に持つ聯想が相対的にシェアを上げていき、２０１3年に世界一の座についた。棚からぼた餅というべきか、あまり勢いのない世界一であることは間違いない。聯想の輝きは現在、PC市場の陰りとともに色あせつつあると言えるだろう。

もちろん、聯想とてスマートフォン時代の到来を手をこまねいて見ていたわけではない。２００2年から携帯電話製造に進出。スマートフォン製造にもいち早く進出した。一時は「**中華酷聯**」（ZTE、ファーウェイ、クールパッド、聯想）として中国市場四強の一角を占めるにいたった。さらに２０１4年には7億5０００万ドル（約795億円）を投じてグーグルから携帯電話製造部門を買収。世界3位のスマートフォンメーカーへとのしあがった。

ＩＢＭ買収の成功神話よ、もう一度というわけだ。

しかしＰＣからスマホへの転身は順調には進んでいない。ずるずると順位を下げ、２０１６年の中国でのシェアはトップ５から転落した。聯想を追い抜いていったのは同じく中国の小米科技（シャオミ）、ＯＰＰＯ、ＶＩＶＯなどのスマートフォン専業メーカーだ。

小米は圧倒的なコストパフォーマンスと中国初の〝自慢できるスマホブランド〟という位置づけで存在感を示した。ＯＰＰＯ、ＶＩＶＯは中国の中小都市にまで細やかな実店舗の販売網を築き上げ、セールスを伸ばした。かつての聯想がＰＣ市場で勝利した方程式を奪われた格好だ。

一方の聯想はというと、意欲的な製品を次々と発表していることは事実だ。グーグルの策定したＡＲ規格「ＴＡＮＧＯ」に対応したスマートフォン「Phab2 PRO」を世界で初めて発売したほか、追加モジュールで携帯電話を簡単にカスタマイズできる「moto Z」を発売している。

だが、技術力があれば勝てるわけではない。それを聯想はＰＣ市場で証明してきたのではなかったか。今や「貿・工・技」のＤＮＡは失われてしまったのだろうか。創業から20年あまり、中国ＰＣ業界の巨人は今、苦境に立たされている。

コラム

鄧小平と天安門事件

「文化大革命後の中華人民共和国経済は〝崩壊の瀬戸際〟にあった」

これはウィキペディア中国語版の項目「改革開放」の一節だ。吊し上げに「下放」、さまざまな破壊によって10年間に及ぶ文化大革命期には中国経済は大きな打撃を受けたというイメージは、中国でも日本でも根強いものがある。そしてこの破局の危機を救ったのが「中国改革開放の総設計師」と讃えられる鄧小平であり、積極的な外資導入と規制緩和、市場経済導入によって中国を高成長に導いたのだ……というストーリーが続く。

しかし、実は文化大革命の10年間は、常に破壊が続いていたわけではない。小島麗逸《こじまれいいつ》『現代中国の経済』（岩波新書、1997年）によると、1967年、1968年の2年間にわたり経済は大きく落ち込んだものの、その後は積極的なインフラ投資に支えられて成長を持続している。1972年のニクソン訪中及び日中国交正常化以降は対外貿易も成長していた。現在の中国には「貧しくも幸せだった文革時代」を懐かしむ老人もいるほどで、〝のんびり文革〟の期間のほうが長かったのだ。

となると、「破局の危機に瀕してもいないのに、なぜ中国はそんなドラスティックな改革に踏み切ったのか？」「鄧小平はいったい何をしたかったのか？」という疑問が浮かんでくる。左から右へときっぱり大転換したというストーリーならわかりやすいのだが、中国の政治はそれほど単純なものではない。

そもそも1949年の建国以後、イデオロギー重視の路線と経済建設重視の路線は併存していた。どちらかに切り替わるかではなく、どちらの側面がより強く出るか、その時々で比重が変わるという表現が現実に近い。文化大革命終了後は毛沢東の死と鄧小平の最高指導者就任によって経済建設重視がより強くなっていたと言える。

「総設計師」という異名はまるで鄧小平そのものが改革開放をすべて「設計」していたかのような印象を与えるが、もちろんすべてを予見していた超人ではない。試行錯誤を重ねつつ、そして中国共産党内の権力闘争を踏まえながら、過激になりすぎることはないよう、漸進的に改革を進めていったのが実像だ。すべてを計画していた天才とのイメージはあまりにも神格化されすぎている。

試行錯誤を重ねた鄧小平の改革において、日本が与えた影響は大きい。鄧は1978年に日本を訪問しているが、新日鉄、日産、松下の3社を訪問し、経済の把握に努めた。また新幹線に乗り、その速度に驚いたとの逸話は有名だ。車中、感想を聞かれた鄧は、「後ろからムチで打っているような速さだ。これこそ我々が求めている速さだ」「今回の訪日で近代化とは何かがわかった」と語っている。翌年には米国を訪問。その目で先進国の状況を視察したことで、より豊かな国を作るという決意を固めた。

もっともその道のりは平坦ではなかった。中でも最大の危機は1989年の天安門事件だろう。天安門事件は政治改革を求める運動ではあったが、その背景には経済改革に伴うインフレがある。物価上昇と雇用の不安定化が政治リスクにつながるとの恐怖は、今なお中国共産党に共有されている。

現在も中国政府は過剰に思えるほどに成長率と物価の維持に苦心しているが、それも天安門事件の呪縛と言えるだろう。

ちなみに「励志書籍」においても天安門事件の記述は御法度だ。本を読んでいると、さまざまな企業が１９８９年前後に経営が苦しくなっているが、その理由については基本的に触れられていない。特に事情の説明はないのになんだか大変そう……という不可思議な状況になっている。

よく知られているとおり、天安門事件は悲劇的な結末に終わった。趙紫陽《ちょうしよう》総書記（当時）は学生運動に配慮を示し鄧小平に学生たちへの譲歩を促したが、保守派との政治的バランスを踏まえた鄧は最終的に弾圧を決断する。

多くの犠牲者を出した中国政府の判断を国際社会は批判する。各国は経済制裁を実施し、中国経済は大きな打撃を受けた。また事件を契機に保守派からは行きすぎた経済改革にブレーキをかけるべきだとの議論が強まった。

改革開放政策が危機にさらされる中、鄧小平は巻き返しを図る。１９９２年、鄧小平は湖北省《こほくしょう》武《ぶ》漢市《かんし》、広東省《カントンしょう》深圳市などを歴訪し、保守派を批判するとともに、「発展才是硬道理（発展が絶対的道理だ）」とのメッセージを発した。主要政治家、軍は次々と鄧小平支持を表明。鄧は再び自らの権威を絶対のものとし、改革開放路線を固めた。

最大の危機を乗り切った中国は、１９９０年代中盤からの外資導入の加速、２００１年の世界貿易機関（ＷＴＯ）加盟と、猛ペースで発展の階段を駆け上がっていくことになる。

第2章

日本企業を駆逐した最強の中国家電メーカー

「毎日1%ずつ成長し続ければ、70日で仕事量は2倍となる」

『格言網』

Qilai Shen

張《ちょう》瑞《ずい》敏《びん》

Zhang RuiMin

世界一の白物家電メーカー・海爾（ハイアール）の「管理の達人」

張瑞敏

年表

1949年	0歳	山東省青島市で生まれる。
1967年	18歳	工場労働者として働きつつ夜間大学に通う。
1978年	29歳	改革開放政策が始まる。
1979年	30歳	米中国交正常化。
1984年	35歳	国有企業改革により、中国に初の株式会社が誕生。
1985年	36歳	冷蔵庫事業に転換、青島市冷蔵庫総廠と社名変更。ハンマー事件。
1986年	37歳	日本のバブル景気。1991年に崩壊。
1989年	40歳	天安門事件。
1991年	42歳	琴島・海爾集団と社名変更。
1992年	43歳	南巡講話。社会主義市場経済路線が確立。
		独リープヘル社とのライセンス契約が終了。
1994年	45歳	外資の中国市場参入規制を緩和。
		無料配送を実施。
1995年	46歳	宣伝アニメ「海爾兄弟」が放映開始。
1999年	50歳	「市場鏈」（マーケットチェーン）と呼ばれる組織改革を実施。
2000年	51歳	ドットコムバブル。
2001年	52歳	中国がWTOに加盟。
2002年	53歳	胡錦濤体制が成立。
2007年	58歳	三洋電機タイ工場を買収。
2008年	59歳	リーマン・ショック。
2009年	60歳	日中のGDPが逆転。
		白物家電出荷台数世界一を達成。
2012年	63歳	習近平体制が成立。
		旧三洋電機の冷蔵庫・洗濯機部門を買収。
2015年	66歳	日本を訪れる中国人観光客が増加。「爆買い」が流行語大賞に。
2016年	67歳	GEの家電部門を買収。

２０１６年、台湾企業・鴻海（ホンハイ）によるシャープの買収は日本中に衝撃を与えた。東芝も家電事業を中国の美的（マイディア）に売却、「家電王国」日本の没落は今や誰の目にも明らかだ。台数ベースで見た場合、世界シェアのトップを走るのが中国の海爾（ハイアール）。２０１２年に旧三洋の洗濯機・冷蔵庫事業を買収するなど積極的なＭ＆Ａで世界シェアを伸ばしてきた。

かつて日本の植民地だった山東省青島市のオンボロ工場を30年で世界一の家電メーカーに育て上げたのが張瑞敏ＣＥＯ。「企業管理の達人」と呼ばれる、中国ビジネス界の巨人だ。「世界でもっとも尊敬されるビジネスリーダー50人」（フィナンシャル・タイムズ、２００５年）の第26位に選出されるなど、世界から尊敬を集める経営者はいかにして奇跡的な成長を成し遂げたのだろうか。

青島《チンタオ》市のお荷物だった町工場

海爾の前身は1950年代に創設された、青島電動機廠という小さな町工場だ。小型モーターや工具を作る工場から出発し、中国共産党の工業化政策の後押しを受けて、送風機や扇風機の製造を手がけるようになった。1979年には別の工場と合併し、青島市日用電器廠と改名し、市政府の技術指導を受け洗濯機製造に乗りだした。

しかし古い町工場にお仕着せの役人指導が入ったところでうまく行くはずがない。家電メーカーになったはいいものの、またたく間に赤字を積み上げ、青島市の厄介者になってしまう。

この厄介者をどうにかしなければならない。同社を管轄する青島市第二軽工業局は1983年に3人の工場長を送り込んだ。かれらが対面したのは、やる気のかけらもなければ、紀律のきの字もない労働者たちだった。トイレが外にあるため、雨の日には工場の隅で大小便を垂れ流すなど、やりたい放題だったという。まさに愚連隊だ。

今ならば即座にクビを言い渡せば済む話だが、親方日の丸ならぬ親方五星紅旗《ごせいこうき》の国有工場の労働者たちは、そう簡単にクビにされるはずがないと高をくくっている。逆に工場長をいびりぬいて次々と辞めさせていった。たった1年で3人もの工場長が逃げ去ってしまった。そして最後の頼みの綱として白羽の矢が立ったのが張瑞敏だった。

文革に負けなかった知識欲

張は1949年、新中国成立の年に青島市で生まれた。両親は一般の労働者だったという。少年時代の夢は新聞記者だったが、文化大革命がその夢を阻んだ。というのも、文化大革命の最中に、中国では「**上山下郷**」**運動**が行われたためだ。1966年度から1968年度に中学、高校に在籍していた若者たちを労働教育の名目で農村に送り込むという運動である。

文化大革命初期に大きな混乱をもたらしたのは血気盛んな若者たち、紅衛兵《こうえいへい》だ。彼らを農村に送り込めば混乱も収まるだろうという荒っぽい措置である。当の若者たちは革命の理念を信じて意気揚々と農村に向かったが、そこで厳しい現実に直面することになる。都市とはかけ離れた、貧しさと厳しい自然環境がそこには待っていた。

張は当時としては珍しい一人っ子だったため農村に送り込まれずに済んだが、文化大革命により大学入試が停止されてしまったため、進学の夢は断たれてしまう。そのため、工場労働者としてキャリアを積むこととなった。

政治の荒波に夢を断たれた張だったが、それでも旺盛な知識欲は衰えなかった。毎日退勤後に青島市で唯一開講していた労働者夜間大学に通い、工学科と管理学科の勉強を続けた。その熱意は皆に認められていった。優秀な労働者を表彰する労働模範に選出され、出世の道を進んでいく。気がつけば30代なかばにして青島市第二軽工業局の副総経理という肩書きを手にしていた。

愚連隊労働者との戦い

最後の切り札として登場した張だったが、工場に入ってあぜんとしたという。規定では8時操業開始なのに誰もやってこない。9時になってようやく人がそろうというありさまだ。しかも1時間もすると昼寝タイムに突入である。勤務時間内にもかかわらず、じっくり新聞を読む工員がいるかと思えば、トランプや中国将棋で遊ぶ者の姿も。前述したが、雨の日は工場の中で大小便をする輩までいるという無法地帯であった。

さすがの張も改善は不可能だとあきらめかけたという。わざわざカメラマンを呼び、労働者たちの乱暴狼藉の証拠写真を撮影させた。「こんなむごい状況では失敗しても仕方ありません」と言い訳するための写真である。

失敗を覚悟しつつも、張は果敢に労働者たちの意識改革に取り組んだ。最初の取り組みが13カ条の規約だ。「**工場内で大小便をすることなかれ**」「**遅刻早退は厳禁**」「**勤務時間中に酒を飲むな**」「**工場の物資を盗むな**」といった小学校以下の内容が並ぶ。当時の工場がいかに荒れ放題だったのかが分かろうというものだ。

工員たちは新しいルールなど歯牙にもかけず、今までの工場長同様追い出してやると意気込んでいた。愚連隊労働者たちの反発にも負けず、張は物資を盗んだ工員をクビにするなど信賞必罰を明確にして風紀をただしていった。何をやらかしてもクビにならない親方五星紅旗との決別を、目に見える形で示したのだ。

孔明ばりのハンマー事件

また従業員の度肝を抜くパフォーマンスも見せている。それが今なお語り継がれる**ハンマー事件**だ。1985年、販売店から製品の品質がひどすぎるとのクレームが相次いだ。そこで張は工場の在庫を調べたところ、76台の冷蔵庫に欠陥が見つかった。普通ならば修理するところだが、張は自らハンマーを手にし、不良品の冷蔵庫をその場で粉々に打ち砕いた。

その冷蔵庫の価格は1台800元（約6万5000円）。当時の平均的労働者の年収を上回る。今の感覚ならば自動車に匹敵するような高級品だ。それを次から次へと打ち壊したのだから従業員に与えた衝撃はどれほどか想像できるだろう。

王曙光『海爾（ハイアール）集団』（東洋経済新報社、2002年）によると、張はハンマーを振るう前にこう言ったという。「（不良品ができた）責任は君たちではなく、私にある。責任を取って私の給料をカットしよう。しかし、今日のことで品質観を変えよう。今後粗悪品が出たら君たちの責任となる。君たちの給料がカットされるのだ」、と。その言葉通り、張は自分の給料をカットした。自ら信賞必罰の範を示したわけだ。

罰則だけ強化しても労働者たちは反発するだけだ。張は待遇改善、優秀者の表彰にも力を入れた。就任初年度のボーナスではきっちり現金で支給して、労働者たちを驚かせた。前年のボーナスは「自社冷蔵庫が割引きで買える権利」という迷惑千万な代物だったのだから、喜びもひとしおだった。

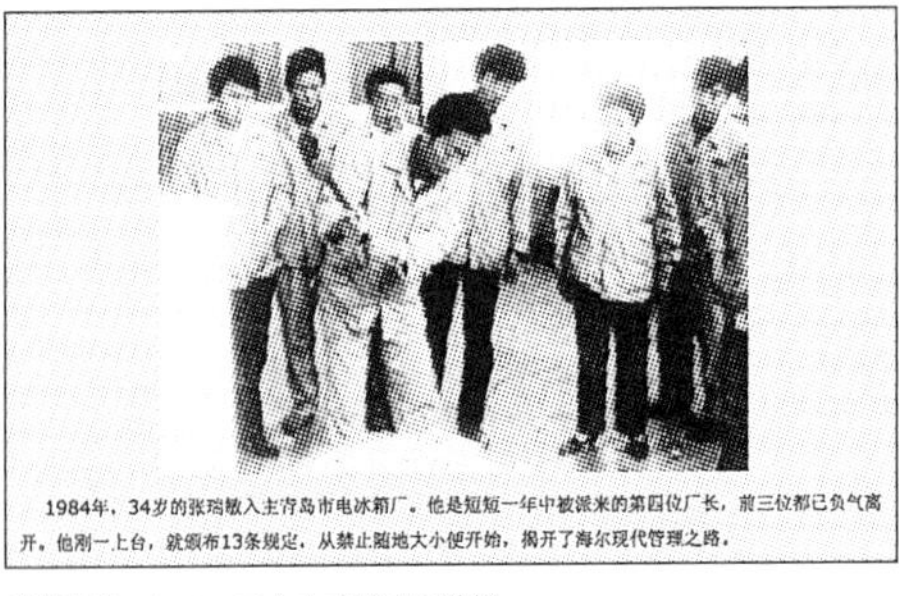
1984年，34岁的张瑞敏入主青岛市电冰箱厂。他是短短一年中被派来的第四位厂长，前三位都已负气离开。他刚一上台，就颁布13条规定，从禁止随地大小便开始，揭开了海尔现代管理之路。

冷蔵庫をハンマーでたたき壊す張瑞敏。
（出典：http://yucunvip.blog.sohu.com/193760011.html）

『三国演義』によると、かの諸葛孔明は信賞必罰を明確にして風紀をただしたと伝えられる。張は『三国演義』が愛読書だというが、まさに孔明ばりの信賞必罰によって、人心の掌握に成功したのだった。

後に張は「**斜坡球体定律**」（**斜面球体原理**）を提唱するようになる。会社とは坂道に置かれた球のようなものである、何も手を施さなければ従業員の怠惰により坂を転げ落ちてしまう。球をその場にとどめる、さらに上に登らせるためには積極的な働きかけが必要だという考えだ。

自由放任は悪。徹底的な管理と優秀者を表彰する報酬体系によって、人々のやる気を引き出していく。後に「企業管理の達人」とたたえられる張だが、その手腕は工場長就任当初から発揮されていた。

ドイツ企業との契約と秘められた野心

信賞必罰によって愚連隊を手懐けたことにより業績がV字回復……となれば美しいストーリーだが、そうはいかなかった。というのもやる気がないだけではなく、売れる商品もなかったからだ。

そこで張瑞敏は大胆な戦略転換を決定する。洗濯機事業からの撤退だ。洗濯機は製造に必要な技術レベルが低く、市場にはすでに無数の競合企業がひしめき合うレッドオーシャンとなっていた。この市場で勝ち抜くことは容易ではない。新たな市場として目を付けたのが冷蔵庫だ。開発が難しいだけにライバルも少ない。張は西ドイツ（当時）リープヘル社が中国パートナーを探しているとの情報をつかんでいた。同社の技術が導入できれば、勝機は十分にある。

１９８４年末、張はドイツに飛んだ。人生初の海外出張だ。リープヘル社はこの時点では中国市場に本格進出するべきではないと判断しており、ライセンスと技術の供与という張との契約は得になると考えた。１９９２年までリープヘル社のブランドを使った冷蔵庫の製造、販売を認めるというライセンス生産の合意だ。この契約を受け、１９８５年、青島市日用電器廠は青島市冷蔵庫総廠と改名している。

この出張時に張は忘れられない体験をしたという。あるドイツ人が夜空に打ち上げられた花火を指さし、「あなたがた中国の製品で、ドイツで一番売れているのは花火と爆竹ですよ」と言ったのだ。なにげない一言だったのだろうが、「中国人は永遠に祖先の四大発明に頼って生きていくのか」との悔しい思いが頭から離れなかった。

屈辱を晴らすべく、張は青島のオンボロ工場を世界的企業へと成長させる決意を固めていた。そのためには狼となってありとあらゆる敵を食い殺していかなければならない。最初の獲物となるのは、提携を結んだ仲間であるはずのドイツのリープヘル社だった。冷蔵庫事業への転換は大当たりした。洗濯機事業を手がけていた1984年には384万元（約3億9600万円）だった売り上げは1988年には2億6000万元（約90億円）と急成長を遂げている。ここに奇跡的成長を遂げた海爾伝説がスタートしたのだ。

好調な業績を積み重ねる一方で、リープヘル社との契約終了後を見すえた動きも進められていた。リープヘル社との契約はライセンス生産だ。そのため出荷される製品にはリープヘル社の商標がつけられる。しかし張はどうにか自社のブランドを確立しようと戦略をめぐらせていた。最初のチャレンジは「Q」のマークだ。青島市で生産したことを示す「Qingdao」との表記が入れられていたが、そのQの文字がひときわ大きく目立つようにデザインされていた。

1991年、青島市冷蔵庫総廠は琴島・海爾集団と改名している。琴島の発音はQindao、青島とよく似た音だ。またリープヘル社の中国語表記は「利勃海爾」。提携先の企業から2文字をもらって新社名に加えたわけだ。ライセンス生産をしていたはずが、気がつけばまるで自社ブランドのようになっているではないか。

改名の翌年、リープヘル社とのライセンス契約は終了した。それでも琴島・海爾集団はブランド力を失うことなく、好調な販売を続けた。ひそかにブランドを自分のものとする戦略が成功したのだ。中国市場でのブランドを奪われた形のリープヘル社関係者は後年、張の巧みな戦略に気がつかなかったことを大いに悔やんだと伝えられている。

泥臭い販売網とアニメを使った宣伝で勝利、海爾の歩み

冷蔵庫事業進出という第一桶金を手にした海爾だが、その後もいくつもの試練が待ち構えていた。最初の試練は1980年代末、中国企業同士の泥沼の戦いだ。改革開放政策により家電メーカーが雨後のタケノコのように乱立、過剰生産となった。激しい値引き競争が展開され、体力のない企業から次々と倒れていく。まさに泥沼だ。

窮地に追いやられた海爾だが、ここで張は逆転の一手を放つ。

なんと他メーカーが値引きを続けるなか、海爾だけは逆に値上げをしたのだ。この大胆な戦略は成功するのか、張自身ですら確信を持てず、不安しかなかったと後に吐露《とろ》してい

る。勝算はなかったが、安売り競争に追随しても先がないことも確かだった。

乾坤一擲《けんこんいってき》の賭けだった逆張り戦略は見事に成功した。**値引きをしないことで「高品質の海爾」というイメージを確立**したのだ。「海爾だけは値段交渉できない」ことで同社の評判は一気に高まった。

中国国内の戦いを生き延びた海爾に次は海外の強豪が襲いかかってくる。まるで少年マンガのように敵がパワーアップしてくるわけだが、続いての試練は1990年代に訪れた。外資系企業の中国市場本格参入という黒船の到来だ。

1989年の天安門事件後、中国は社会主義堅持と市場経済導入のはざまで揺れ動いた。最終的に1992年の鄧小平による南巡講話によって社会主義市場経済路線が確立する。外資に対する市場開放が促進され、世界各国の大手家電メーカーは続々と中国に参入。合弁企業による生産、販売を展開した。

リープヘル社の看板で海爾が破竹の快進撃を示したことからもわかるとおり、海外ブランドは強力だった。実際に製品の質が高かったこともあるが、外国のものはともかくいいという洋物信仰は日本以上に強力である。

国内の戦いで鍛えられていたはずの中国企業も、強大な外資襲来の前に全面敗走を喫する。一時は中国市場のシェアの60％以上を外資系ブランドが占めるまでにいたった。自力では太刀打ちできないと他の中国企業が次々と外資との合弁に踏み切るなか、海爾だけは独自ブランドを守り続けることに固執した。真っ先に外資と手を組んだ海爾が、この時期には逆に独自ブランド維持で勝負をかける。ここでも逆張り戦略を選択したわけだ。

ちなみにこの時期は松下（現パナソニック）、東芝、ソニーなど日本家電メーカーの中国市場における最盛期となった。当時を知る中国人と話すと、日本製品やそのCMについて懐かしそうに昔話をしてくれる。今や当時の存在感は完全に失われ、昔話となっているのは残念ではあるのだが。

さて、海外ブランドと戦う武器として張が選んだのは、ローカルの販売網だった。中国全土津々浦々に販売店、アフターサービス拠点を設置し、地に足の着いた販売戦略を展開していく。

1998年には販売拠点の数は1万個所を突破した。当時、日系最大手メーカーの販売拠点数ですら、その数は2000個所程度しかなかった。技術力、ブランド力では外資が圧倒していたが、泥臭い販売力では海爾に太刀打ちできない。一時の劣勢を跳ね返し、海爾はじりじりとシェアを高め、押しも押されもせぬ中国ナンバーワン企業としての地位を固めていく。

また1990年代後半からは積極的な広告戦略で、海爾はブランド認知度を高めていった。その象徴がアニメ『海爾兄弟』だ。同社のイメージキャラクターである2人の少年を主人公とした作品で、世界各地の謎を解明していく冒険物語だ。1995年から2001年にかけて、全212話が放送された。

今見ると、まったく毒のない子ども向けアニメという印象で、爆発的にヒットするような作品には思えない。それでも国民的アニメとなったのは当時の政策状況が関係している。国産アニメ産業支持の名の下、中国中央電視台（CCTV）が全面的にバックアップした。「海爾兄弟」は繰り返し繰り返し再放送され、当時の中国人ならば知らぬもののない人気キャラクターへと成長した。

1990年代後半から2000年代前半にかけて中国を訪問した人は、いたるところで裸の2人組少年のステッカーがべたべたと貼られていたことを覚えているのではないか。**緻密な販売網と強力な宣伝戦略**によって海爾は中国ナンバーワン企業

アニメ『海爾兄弟』
（出典：http://www.cctv.com/life/cartooncity/goldkey/jieshao/haier.html）

としての地位を固めていく。
２００２年に中国が世界貿易機関（ＷＴＯ）に加盟すると、中国市場はさらに開放が進んだが、もはや外資が入り込む余地は残されていなかった。強力な知名度と販売網を持つ海爾が盤石の地盤を築いていたのだ。他の中国家電メーカーも力をつけるなか、外資は続々と中国市場から撤退し姿を消していった。

「企業管理の達人」

中国最強の家電企業の座をつかんだ海爾だが、その基盤には企業組織としての強さがあった。「企業管理の達人」と讃えられる張瑞敏の手腕である。徹底的な信賞必罰、すなわち意欲と能力のある者を優遇し昇進させると同時に、成果を出せない者を淘汰していく仕組み作りを徹底した。
「**大挙競争、大胆抜擢、大力新任**」という12文字の言葉に海爾の人材登用理念が集約されている。１９９２年には幹部ポストの社内公募を実施した。たんなるおためごかしのイベントではない。公募によって新卒や短期契約者から一気に幹部へとステップアップした者までいたという。

1992年とは社会主義市場経済路線が確立したばかりの年だ。計画経済時代への揺り戻しを狙う保守派もまだ一定の勢力を持っていた時期に、社会主義とは相いれない競争制度を大胆に導入している。

さらに1993年には工場労働者を優秀工、合格工、試工と三段階に分類する成果主義を導入。その年の終わりには30人以上の労働者を解雇するという人ナタを振るった。斜坡球体定律、すなわち気を緩めれば怠惰によって会社は下り坂を転げ落ちるという警戒感から、従業員が怠惰にならないよう、常に尻を叩き続けるシステムを導入したのだった。

「企業管理の達人」が発揮した手腕は人事システムだけにとどまらない。もう一つの売りが責任の所在を明確にした組織作りだ。1999年から「**市場鏈**」（**マーケットチェーン**）と呼ばれる大規模な組織改革が実施された。企業内の全組織を「自主経営体」に再編するものだ。個々の自主経営体は疑似企業とでもいうべき存在である。「一人一人が自らのCEOになれ」、これは張の経営哲学として知られている言葉だ。責任を明確化し、各人が創意工夫をこらすことがもとめられている。

自主経営体では、会社内部のやりとりをすべて企業間の契約として取り扱い、責任や利益の所在を明確化している。具体的にはSSTと呼ばれる、「索報」（報酬の請求）、「索賠」

（賠償の請求）、「跳閘」（問題の処理）という3通りの関係が構築される。「責任を不明瞭にしてしまうと、社員は次第に怠惰になり会社は坂道を転げ落ちる。「性悪説」を取る張の思想がはっきりと表れている。

「企業管理の達人」が作り上げた制度は海爾にとって最大の武器となった。同社は1990年代から積極的にM&Aを展開しているが、それもこれも自社の管理制度を導入すれば、破綻企業も短期間で復活できるとの自信があるためだ。

日本人にとっては残念な話に思えるが、その好例となったのが2007年の旧三洋電機のタイ工場買収である。海爾の企業管理制度を導入された結果、リストラすることなく4年で黒字に復帰している。

2012年には旧三洋電機の冷蔵庫・洗濯機部門を完全買収したが、その後は手のひらサイズのハンディ洗濯機「コトン」などのヒット商品を開発するなど、輝きを取り戻している。

消費者の要求をくみあげよ

海爾のもう一つの強みが徹底的な消費者目線だ。1994年には中国でもっとも早く自社製品の無料配送を導入したことはよく知られている。きっかけとなったのは同年に青島市で起きた窃盗事件だ。

ある老人が家電量販店でエアコンを購入しタクシーで帰宅したところ、他の荷物を下ろしている間に、タクシーがエアコンを積み込んだまま逃げ去ってしまった。このエピソードが新聞で紹介され話題になったため、海爾は老人に無料でエアコンを1台プレゼントした。そればかりか持ち帰りが困難というところに消費者ニーズがあると目を付け、無料配送の仕組みを整備したのだった。

上述のコトンもアジアでは衣服が汚れても丸洗いせずに部分洗いをする人が多いというマーケットニーズをくみあげ、衣類の一部だけを叩き洗いするハンディ洗濯機というユニークな商品開発につなげた。

伝説となっているのがイモ洗い洗濯機だ。

四川省の山間部では、洗濯機の排水口が詰まる故障が頻発していた。調査してみると、現地の農民たちは洗濯機を使ってイモを洗っていたのだという。用途外の使用で故障したのだから自業自得だとアフターサービスを断っても良さそうなものだが、海爾はここにニーズがあるのではないかと判断。イモを洗える洗濯機を開発した。

他にもチベット向けにはバター作りに使える洗濯機を開発するなど、消費者のニーズに応えたユニークでニッチな製品作りを続けてきた。「**製品を開発するのではない、市場を開拓するのだ**」、これが海爾の研究開発者に叩きこまれる言葉だという。

苦しむ巨人

最強の組織管理能力を持つ中国家電業界の巨人、海爾。中国市場を制した後は世界へと旅立ち、ついに２００９年には世界シェアナンバーワンの座を手に入れた……と続けると話は美しいのだが、話はそう簡単ではない。

海爾は巨大市場・中国を地盤に急成長を続けてきた。しかし、中国市場もすでに飽和している。中国は２００８年に家電普及の分岐点と言われる一人当たりGDP３０００ドルのラインを超えた。貧しい農村は残っているものの、大部分の地域では需要が一巡してしまったのだ。国内がダメならば海外でと行きたいところだが、サムスンやLGなどの韓国

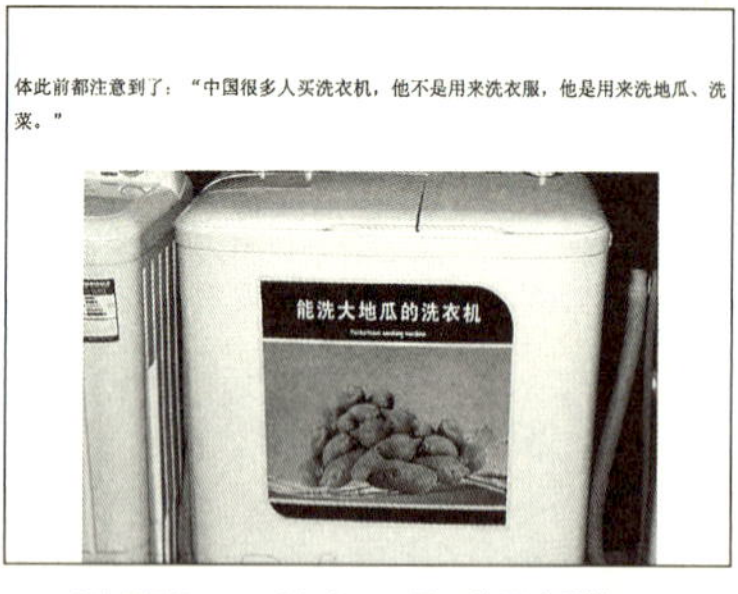
体此前都注意到了："中国很多人买洗衣机，他不是用来洗衣服，他是用来洗地瓜、洗菜。"
能洗大地瓜的洗衣机

ニッチな需要にマッチしたイモ洗い兼用洗濯機。
（出典：http://3c.ycwb.com/2015-05/06/content_20166900.htm）

勢は堅調で、その牙城を崩すのは容易ではない。

中国で勝利したようなローカル販売力の強さもなく、海爾独自ブランドでの海外進出は苦戦している。三洋、さらには2016年にGEの家電部門を買収するなど、積極的なM&Aでシェアを伸ばしているとはいえ、海外ブランドのシェアを積み重ねる形での、地道なシェア拡大しか実現できていないのが現状だ。

さらに中国国内でも新興スマートフォンメーカーの小米がテレビや空気清浄機、炊飯器などスマートホームの一環として家電製品を販売するようになった。鴻海をはじめとするEMS（電子機器受託製造サービス）が勢力を拡大するなか、新興のファブレス企業（自社工場を持たず製造を外部に委託している企業）がユニークかつ価格競争力のある製品を生み出すようになった。一方、巨人となった海爾は自慢の組織制度にもリビが見えるのか、スマートホームやIoTなどの新たな分野では目立った製品を生み出すことができていない。外資から中国家電市場を守った巨人、海爾だが、今度は足元から新たな中国企業に脅かされつつあるわけだ。

張は「**没有成功的企業、只有時代的企業**」（**成功した企業などというものはない。ただ時代の潮流に乗った企業があるだけだ**）という格言を残している。成功に甘んじることなく、常に時代の流れを追って変わり続けることが重要だという意味だ。海爾は再び変化することができるのだろうか。張はすでに67歳。あるいは変化するには新たなリーダーが必要とされているのかもしれない。

コラム

戸籍問題及び一人っ子政策と中国経済

中国に関するノンフィクションやドキュメンタリーに興味がある方ならば、戸籍問題に関する作品を目にしたことがあるだろう。数多ある中国の社会問題の中でも、戸籍は最大の課題だ。

中国人は都市戸籍と農村戸籍に分けられ、農村戸籍の人間は都市に移住することはできない。「農民工」（出稼ぎ農民）として都市で働いても、医療や教育などの公的サービスを受けることはできない。

そのため「農民工」の子どもたちは親と離れ、故郷に取り残されてしまう。「留守児童」と呼ばれる彼らは、親に面倒を見てもらえず、学校を退学し、チンピラになったり、売春に手を染めるなど身を持ち崩す者も多い。2015年には貴州《きしゅう》省《しょう》で留守児童5人が服毒自殺する事件まで起きている。

都市戸籍と農村戸籍では命の値段が違う。交通事故で死傷した場合、戸籍に応じて賠償金が支払われるため、同じ事故で死んだ中国人でも補償額が違ってしまう。

1990年代には藍印戸籍なる言葉が出現した。藍印戸籍対象の住宅を買った農民に暫定的な都市戸籍を与えるという制度で、農村戸籍から脱出するため、一生かかっても返せないほどの借金を背負った者も少なくない。

悪名高き中国の「計画生育」（一人っ子政策）も戸籍と結びついている。罰金を支払わない限り、一人っ子政策違反の子どもたちには戸籍が与えられないのだ。かくして「黒孩子」と呼ばれる無戸籍者が大量に出現した。

……などなど、中国戸籍残酷物語には事欠かない。この中国の戸籍制度だが、建国以来一貫したものではない。歴史的な変遷があり、導入の背景には経済が深く関わっている。

中華人民共和国成立直後は国民に移動の自由は保証されていた。1954年制定の憲法でも「中国公民は居住と移動の自由を持つ」ことが明記されている。

1953年、中国政府は食糧の統一買付・統一販売制度を導入する。都市住民の食糧を確保する狙いだが、農民にとっては災難以外の何物でもない。農民は食糧を自由に販売することが禁止され、すべてを国に販売することが強要されたのだった。

これでは農業ビジネスの旨みはないと農村から都市への大規模な人口移動が発生した。

中国政府はこれを「盲流」（盲目的都市流入）と位置づけ禁止する。1958年には「中華人民共和国戸籍登記条例」が成立し、農民たちは都市とは異なる農村戸籍が付与され、自らの戸籍所在地から離れることができなくなった。

食糧や日用品の購入には戸籍地で与えられる配給券が必要であり、戸籍地以外では教育や公的医療を受けることもできない。結婚の登記すらできないなど厳しい制限があったため、他地域に移動することはきわめて困難だった。

改革開放によってこの状況が変化した。市場経済への移行が進むにつれ、都市部では安価な労働力が必要とされ、いわゆる「農民工」（出稼ぎ農民）が許容されるようになったのだ。工業化では安価な労働力が必要とされる。日本でも東北や日本海側から膨大な労働力が都市へと移動していった。

中国の場合はそうした需要があったにもかかわらず、制度的な改革は進まず、「農民工」は永遠に都市部では仮住まいの二級市民扱いをされた点が大きく異なる。

だがこの不公平も今では是正が進みつつある。農村部での公共サービス拡充が図られているほか、都市化率（全人口に占める都市人口の割合）の引き上げを目指して、積極的に都市への移住が進められているのだ。農村戸籍の待遇が向上したことで、逆に都市戸籍の取得を拒否する者も増えつつある。

2016年にはチベット自治区を除く中国全土で都市戸籍と農村戸籍の区分が廃止された。完全な戸籍移動が実現したわけではないが、同一自治体、たとえば北京市の中でもこれまでは都市と農村で別戸籍だったのに対し、今後は同じ戸籍として扱われることになる。

今の中国戸籍問題最前線は都市と農村ではなく、大都市とそれ以外だろう。北京市や上海市など人口1500万人を超える「特大都市」では、渋滞や病院・学校の不足など大都市病を緩和するために、人減らしが始まっている。面白いのは大都市の戸籍取得制度だ。例えば北京市外の戸籍を持つ人間が北京市の戸籍を取得する場合、学歴や年収などをポイント制で判断され、戸籍取得の可否が審査される。その際、都心部に家を持つよりも郊外に家を持つ方がポイントが高くなるのだ。これ以上混雑は困る、ニューカマーは郊外へ行けというわけだ。

もう一つ、都市の中での戸籍問題がある。それが学区房だ。名門小学校の学区にあるマンションを意味するが、今や凄まじい高値をつけている。激しい受験戦争が繰り広げられる中国だけに、なるべくいいスタートを切らしてやりたいと親は名門学校に入れるため、高額でも学区房を買おうとする。どの学区に所属しているかが新たな身分になりつつある。

戸籍問題と深い関わりを持つ「計画生育」も大きく変化している。いわゆる一人っ子政策は1979年にスタートしている。改革開放が始まった後の話なのだ。国民の数が増えれば増えるほど、一人当たりの資源割り当てが減ってしまうという発想が根底にはある。

人口イコール国力と考えた毛沢東の死後、出産規制は本格化した。また先進国に追いつくためには子どもの数を減らして、一人一人に高い教育を与えたほうが有利だとの判断もあった。

この一人っ子政策だが道義的には許されないばかりか、経済的に見ても失敗だったとの評価が高まりつつある。日本など先進国がそうであるように国民の所得が向上し教育水準が高まると自然と出生率は落ちる。無茶な出産規制をしなくとも中国の出生率は自然と減少していたはずだ。

逆に急激すぎる労働人口減少が中国経済のリスクとして認識されている。2015年には2人目出産が全面解禁されたが、中国人の所得が向上した今、どれほど出生率が向上するかは未知数だ。「今度は2人生まないと処罰されるのではないか」などとジョークが飛び交うほど。実際、一部地域では公務員に2人目出産奨励の通達も出ており、あながち笑い話では済まないのかもしれない。

第**3**章

ケンカ商法暴れ旅、13億人の胃袋をつかむ中国飲食品メーカー

Bloomberg

「売り場は戦場である。戦場で命令違反があれば「殺す」しかない」

『励志一生網』

宗《そう》慶《けい》後《こう》

Zong Qing Hou

武器は愛国、飲料メーカー・娃哈哈（ワハハ）を率いる喧嘩師

宗慶後

年表

1945年	0歳	浙江省杭州市で生まれる。
1960年	15歳	中学卒業後に自動車修理工として就職する。
1963年	16歳	舟山諸島の農場に下放される。
1964年	19歳	紹興市の茶農園で働く。
1978年	33歳	改革開放政策が始まる。
		杭州市に戻りダンボール工場の労働者になる。
1979年	34歳	電気メーター工場の営業になる。
		米中国交正常化。
1984年	35歳	国有企業改革により、中国に初の株式会社が誕生。
1986年	41歳	日本のバブル景気はじまる。1991年に崩壊。
1987年	42歳	前身である杭州上城区校辦企業経営部が創設。
1989年	44歳	天安門事件。
		「杭州娃哈哈栄養食品廠」に社名変更。
1990年	45歳	国営工場「杭州缶頭廠」を買収。
1992年	47歳	南巡講話。社会主義市場経済路線が確立。
1994年	49歳	外資の中国市場参入規制を緩和。
1995年	50歳	娃哈哈純浄水を販売。ソフトドリンク分野に進出する。
1996年	51歳	仏食品大手ダノンと提携。
1998年	53歳	独自コーラ「非常可楽」を発売。
2000年	55歳	ドットコムバブル。
2001年	56歳	中国がWTOに加盟。
2002年	57歳	胡錦濤体制が成立。
2005年	60歳	ダノンとの訴訟始まる。
2008年	63歳	リーマン・ショック。
2009年	64歳	日中のGDPが逆転。
		ダノンとの訴訟が和解。
2012年	67歳	習近平体制が成立。
		中国一の大富豪になる。
2015年	71歳	日本を訪れる中国人観光客が増加。「爆買い」が流行語大賞に。

大きな円卓に乗った回転テーブル。その上には白酒とワイン、そして大きなペットボトルのスプライト……中国で宴会に招かれたことがある人なら一度は見たことがある光景だ。宴席に限らず、中国のソフトドリンク市場はコカ・コーラを筆頭に外国系ブランドが占拠している。

市場開放後、さまざまな産業分野で中国企業は〝黒船〟と戦った。中国企業が勝利した分野もあれば壊滅的打撃を受けた分野もある。ソフトドリンク市場はほぼ総崩れで、コカ・コーラ、ペプシコという米国勢、頂新と統一という台湾勢が幅を利かせている。

中国勢として唯一外資と渡り合っているのが娃哈哈（ワハハ）集団だ。従業員わずか3人から出発した零細企業は30年で一大帝国を築き上げた。この成功を支えたのは〝経営の神〟と称される創業者・宗慶後のケンカ商法だった。

社員3人からのスタート

1987年、娃哈哈の前身にあたる杭州上城区校辦企業経営部が創設された。企業名に「校」という文字が入っていることからもわかるとおり、もともとは浙江省《せっこうしょう》 杭州《こうしゅう》市上 城 区《しじょうじょうく》小学校の購買部だった。民営化の流れの中で、経営権請負の形で企業化したものだった。

企業化した購買部は年4万元（約155万円）を上級部局に上納することが条件とされた。開業資金として14万元（約544万円）が貸し与えられるとはいえ、従業員はたったの3人。小学生相手の薄利多売の商売でこれだけの利益をあげることは難しい。

関係者がためらう中、敢然と挑戦を表明したのが宗慶後だった。「4万元の上納では少なすぎます。10万元（約345万円）を支払いましょう」と豪語する宗を前にして、対抗しようとする者はおらず、経営権は宗に任せられることとなった。

名家という呪縛と文化大革命

この宗慶後とは何者なのか。実は大変な名家の出身だ。祖先はかの民族英雄・岳飛《がくひ》を抜擢した南宋の名臣・宗沢《そうたく》だという。曾祖父は正二品の位を得た清朝の官僚、宗承烈《そうしょうれつ》。祖父の宗継先《そうけいせん》は、張作霖《ちょうさくりん》の北京政府において財務長官、河南省代理省長を歴任。その後は汪《おう》兆銘《ちょうめい》が樹立した南京《ナンキン》政府の高官を務めた名士だ。父の宗啓騄《そうけいりょく》は国民党政府の郵便部局で働いていた。

まさに名家というにふさわしい生まれだが、中国共産党が政権を取ったことで一家の運命は逆転する。貴族といっても過言ではない名家から一転、憎むべき封建社会の担い手として人民の敵となったのだ。

宗慶後は1945年生まれ、新中国成立時はわずか4歳だった。その生活は極貧だったが、それでも宗は勉学に励んでいた。小学校教師の母親の影響が大きかったようだ。宗は中学校卒業後、師範学校への入学を希望する。生活費が支給されるため、貧しくても勉強が続けられるという理由だった。ところが、「家庭成分」、すなわち出自が問題視され、入学はかなわなかった。その後は自動車修理工として働いたが、家計を助けるためにポップコーン作りの副業もかけもちするなど苦しい日々が続いた。

1963年、宗に転機が訪れる。東シナ海に浮かぶ舟山《しゅうざん》諸島の農場が知識青年を募集していることを知ったのだ。「家庭成分」にかかわらず受け入れるとの触れ込みを聞き、宗は人生を変えるため辺境の地に旅立った。

もっとも舟山諸島の暮らしは想像を絶するものだった。草木さえまばらな島での重労働が待っていたのだ。脱走者が続出する地獄の生活が続くが、宗はその修羅場でも黙々と働き続けた。土を掘り返し岩を運ぶ重労働に積極的に参加し、ついには舟山農場の「積極分子」として表彰されるにいたった。農場の書記は宗の力を認め、大学に入れるよう推薦すると約束した。

ようやく転機を迎えるかに思えた宗慶後だが、またも挫折が訪れる。1964年、舟山の農場は閉鎖され、所属していた知識青年はすべて紹興市《しょうこうし》の茶農園に送られることになったのだ。大学行きの約束もこれでおじゃんである。だが宗はこれで腐ることなく茶農園でも人一倍の働きを見せていった。

1978年、紹興市での暮らしも15年目となったこの年、中国に大きな変化が訪れる。文化大革命の終了だ。「幹部は定年した場合、その子女を都市に呼び戻すことができる」との通達が出るやいなや、宗の母親は小学校教師を退職、愛息子を杭州へと呼び戻したのだった。

営業の鬼

杭州に戻った宗は上城区教育部局系統のダンボール工場労働者として働くことになった。ここでも宗は非凡な才能を発揮する。三輪自転車で街を駆け回り、アイスキャンデー、ヨーグルト、ノート、ダンボール箱までなんでも売りまくった。

翌年には宗は電気メーター工場の創設を提案する。物不足が続く時代において、電気メーターは部品さえ入手すれば組立は容易で、必ず儲かるはずとの読みだった。提案は認められた。宗は営業員として、重たい電気メーターを何十個も担いで、中国全土を駆け巡った。時には道端にメーターを並べる露店形式で売ろうとしたこともあったという。電気メーターが露店で売れるとは思えないが、ともかく試してみるものだ。2個は売れたと宗は後に回顧している。

文化大革命の終結後、雨後のタケノコのようにあちらこちらで企業、工場が設立された。物不足ゆえにいくらでも売れるかに思えた電気メーターもなかなか売れず、足元を見られて買いたたかれることもしばしば。そうしたなか、宗は中国南部の海南島《かいなんとう》で大規模な開発が進んでいると聞きつけた。

当時はまだまだ未開の地だった海南島だが、舟山諸島で鍛え上げられた宗にとってはなんでもない。島中をかけめぐり電気メーターを売りまくった。

41歳で回ってきたチャンス

４年間にわたり電気メーター工場のスーパー営業マンとして活躍した宗は、１９８２年に再びダンボール工場に戻った。その5年後、購買部の営業権請負というチャンスをつかむことになる。無謀とも思える試みだったが、宗はまたしても超人的な努力で営業成績を積み重ね、販売実績を積み重ねていく。

とはいえ、いくら売れたとしてもノートやアイスキャンデーではいくらも儲からない。もっと利幅の大きい商品が必要だ。そこで目を付けたのが健康食品である。１９８７年7月、宗は花粉とハチミツを材料とした「花粉口服液」という健康食品の販売権を獲得した。

超人営業マン・宗の力もあり、わずか３カ月で１２０万ケースを売りさばく大ヒットを記録している。宗はただちに事業拡大を教育局に申請。新たに30人もの従業員が与えられた。３人で始まった会社だが1年もたたぬうちに10倍以上に社員を増やしたわけだ。

同年、会社の売り上げは４３６万元（約1億６９００万円）を記録した。教育局への上納金は約束の2倍にあたる20万元（約７８０万円）を記録している。誰もが無理だと思った大言壮語を、約束以上の実績で証明して見せたのだった。

さらに宗は健康食品市場において子ども向け製品がすっぽり空いていることに気がつく。「80後」（1980年代生まれ）の子どもたちは「小皇帝」と呼ばれていた。一人っ子政策の導入により、親から過度に甘やかされた子どもたちが増えていたのだ。改革開放とともに街で売られるお菓子も増え、偏食の問題も広がっていた。子ども向けの健康食品は売れると宗は直感した。

しかし花粉口服液はあくまで販売権を取得しただけの製品でしかない。より大きな利益をあげるためには自社開発が必要だと考えた。そこで浙江医科大学の朱寿民《しゅじゅみん》教授の協力を得て、クルミやサンザシなどを原料とした栄養ドリンク「娃哈哈児童栄養液」を開発した。1988年秋から販売したが、宗の思惑通りの大ヒット。その余勢を駆って、翌年には社名を「杭州娃哈哈栄養食品廠」と改名する。

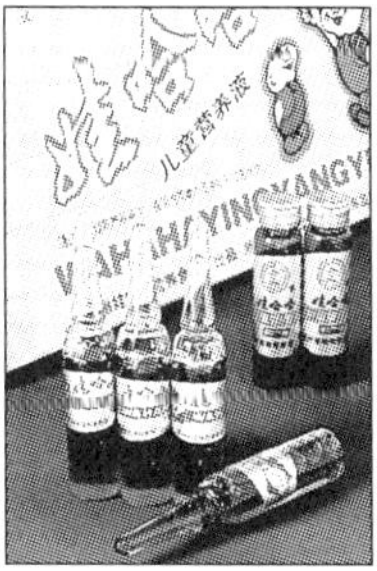

左：娃哈哈児童栄養液。
右：杭州娃哈哈栄養食品廠の社屋。
（出典：http://www.wahaha.com.cn/news/14）

広告ジャックで売りまくれ

超人的な努力でスーパー営業マンとして活躍した宗慶後だが、指揮官としても一流の才能を見せた。栄養食品の販売においては何よりもカギを握るのはブランドだ。まだ広告市場が未成熟な時代において、宗はアグレッシブなメディアジャックをしかけていく。

娃哈哈児童栄養液が完成すると、即座に杭州市のテレビ局と21万元（約720万円）ものCM契約を締結したが、手持ち資金の過半数を投下するという思い切った決断だった。周囲は無謀だと止めたが、宗は広告こそが勝負の決め手だと反対を押し切った。

テレビ以外にも新聞やラジオなど他のメディアも存分に活用している。さらに成都市では白人の外国人留学生を雇い、娃哈哈のプラカードを持って食品展示会会場で練り歩かせた。まだ外国人が珍しく、普通に街を歩いているだけでも野次馬が集まってくるような時代だ。数十人もの白人が集まれば目を引くことは間違いない。まるでフラッシュモブのような先進的なマーケティングを、この時代にしかけていたのだ。

多用されたのが専門家のお墨付きを使う手法だった。その戦略は周到だ。まず大学の有名教授などを集めて座談会を開催し、娃哈哈児童栄養液をほめちぎらせる。新聞やラジオが座談会を取り上げた記事を掲載し、知名度を一気に高めた後で商品を投下する。こうした手法で大都市を一つずつ攻略していった。

その典型例とも言えるのが1991年の広州だ。当時、同地には太陽神口服液という競合製品が幅を利かせていた。宗はライバルに気取られることがないよう、秘密裏に現地の販売スタッフを採用した。搬入も極秘だった。準備を整えた後、専門家による座談会を開催し、娃哈哈児童栄養液を絶賛させてマーケティングを開始。見たことはないがすごい商品があるらしいとの噂が先行していく。

さらにテレビのゴールデンタイムのCMと新聞の一面広告を買い占めるという荒技を見せる。座談会から始まりメディアジャックへ。そして満を持しての製品販売開始だ。広州市が娃哈哈の広告であふれかえるなか、娃哈哈児童栄養液は大ブームとなった。わずか1カ月で70万ケースを売り上げる大ヒットを記録したのだった。

イデオロギー批判をはねのけた国営工場買収

猛烈な勢いで成長を続ける娃哈哈は1990年には売上高1億元（約30億円）を記録する。増え続ける需要に生産量が追いつかない。宗は工場の拡張が必要だと考えた。

ところが、工場用地の買収を政府に申請したところ、認可には1年以上かかるとの答えが返ってきた。怒濤の勢いで成長を続ける娃哈哈にとって、1年も待つことは不可能だ。ならば、不振に陥っていた国営食品工場・杭州缶頭廠を買収してはどうかと杭州市政府から持ちかけられた。

快進撃を続けていたとはいえ、娃哈哈の社員数は当時180人程度しかいなかった。一方の杭州缶頭廠は従業員1500人を抱える大工場だ。最盛期は従業員数2000人超を誇り、「中国十大缶詰工場」の一つに名を連ねた名門工場である。1990年当時は業績が低迷。天安門事件後の経済制裁で輸出がストップし、死に体となっていた。

工場を買収すれば、莫大な負債を抱え込むことになる。しかも国営企業の悲しさ、やる気ゼロのダメ労働者たちの巣窟である。こんなお荷物を抱え込んでは娃哈哈が潰れてしまうと周囲は反対した。だがここでも宗慶後は独裁者として決断を下す。成長のためにはこのお荷物工場を取り込み再生させるしかない、と。

栄光ある大国営工場がぽっと出の娃哈哈に買収される。杭州缶頭廠の労働者たちの反発は強かった。また当時の社会情勢を見ても宗の判断は危険なものだった。

天安門事件後、中国の左派（保守派）から資本主義化と対外開放を警戒する反発が巻き上がった。いわゆる「**姓資姓社論争**」である。中国は資本主義となるのか、社会主義を堅持するのかが議論されたのである。このまま経済開放を進めれば、東欧や旧ソ連と同じく中国も「**和平演変**」（平和的体制転換）が起きてしまうのではないか、なんとしてでも中国共産党の支配を堅持するべきだと保守派は主張していた。

当時の社会情勢を杭州缶頭廠の労働者たちもよく理解している。娃哈哈買収を反対するべく、工場周囲には「（買収は）まるで和平演変ではないか？」「姓は社会主義なのか？　資本主義なのか？　これでは資本主義の復活だ」などの横断幕が掲げられた。文化大革命の終結から10年あまりが過ぎたとはいえ、かつての記憶が人々の頭に強烈に刻まれている。政治的な立場を誤ればたちまち糾弾されて転落しかねないとの恐怖があった。

それでも宗はひるまなかった。１５００人の工場労働者のうち１０００人を早期退職、別部局へ異動させるという荒療治を含め、工場買収を断行したのだった。買収後も缶詰製造は続ける、杭州缶頭廠の栄光を取り戻そうとの誘い文句で労働者たちを納得させたが、これは方便に過ぎなかった。

買収が完了するやいなや缶詰の生産ラインをストップさせ、娃哈哈児童栄養液の製造に転換させた。労働者たちの反発はあったが、時すでに遅し。販売戦略と同じく、国営工場の買収でも電撃戦が勝利の決め手となった。

貿易内戦を乗り越えて

独裁者の果断な決断の下、娃哈哈は順調な成長を続けていく。しかし、もちろんさまざまな課題も待ち構えていた。中でも**最大の障害が地方の保護主義**だ。

巨大な中国では地方政府が強大な権力を握っている。彼らは地元企業を保護しようという意識が強い。地方自治体の経済成長はそのまま地方官僚の政治業績となるためだ。できることならば他地域の企業を排除し、地元企業を育成したいのが本音だ。この構図は、他国からの輸入を拒む保護貿易と同じだ。いわば中国の中で貿易内戦が起きていたわけだ。

娃哈哈が地方保護主義に直面したのが1992年、南京でのことだった。娃哈哈のフルーツミルクが同地での販売を開始してから2カ月後の5月、日に70万本を売り上げる人気製品となったが、南京市衛生防疫所が不合格製品だと発表したのだ。タンパク質及び脂肪の含有量が、「ミルク含有飲料衛生基準」の基準値に達していないとの理由だった。この発表は現地テレビ局、新聞で大々的に報じられ、娃哈哈の販売量は急落した。

実のところ、フルーツミルクは「ミルク含有飲料衛生基準」の対象とはならない別ジャンルの製品との位置づけだった。国家基準が定められていない新ジャンルの場合には成分などは企業独自の基準で定めることが認められていたため、違法性はない。娃哈哈はそう主張したが、南京市衛生防疫所はあくまで「ミルク含有飲料」であるとして譲らない。

娃哈哈はありとあらゆる政治的コネクションを通じて南京市の決定を覆そうとした。ついには杭州市の副市長が南京市にまでおもむいて交渉するという事態にまでいたった。1カ月にわたる交渉の末、ついに南京市側もフルーツミルクの製造・販売の継続を認めたという。

しかし、交渉の最後に悲劇が起きた。南京市と杭州市の交渉では「最新の衛生部規定に基づき、製造・販売の継続を認める」という通達が出るはずだったのだが、実際に出されたものには上述の文言の後に「新たなラベルと説明を使うこと」との文字が付与されていたという。南京市はあくまで自分たちの判断は間違っていなかったと表明したわけだ。

これに憤った娃哈哈の担当者は怒りのあまり睡眠薬を飲んで自殺してしまった。激怒した宗慶後は南京市政府の悪辣《あくらつ》さを訴える声明を書き上げた。50台のトラックに声明を貼り付け南京市に乗り込み、大々的に抗議する心づもりだったが、従業員が必死に取りなして思いとどまったという。

実行に移されなかったとはいえ、ケンカ師ならではのお上相手にもビビらない性格が伝わるエピソードだ。

怒濤の90年代

健康食品事業で成長を続けてきた娃哈哈だが、1995年、新たに飲料水分野に進出する。それが娃哈哈純浄水だ。

これはミネラルウォーターではなく、逆浸透膜で濾過《ろか》したボトルドウォーター（瓶詰め水）だ。値段が安いことから売り上げは急成長した。フランスの大手食品メーカー・ダノンと提携したことで、海外の先進的な機材をいち早く導入できたことも追い風だった。

これまで杭州を地盤とし、各地の大都市を狙って販売していた娃哈哈だが、この時期に大きな方向転換を果たす。それが「**聯銷体**」（**販売チェーン**）の整備だ。全国の卸売事業者を通じて販売を拡大しようとした娃哈哈だが、代金未回収や無造作な値引き販売などによるブランド毀損に苦しんでいた。これを解決する手段として編み出されたのが「聯銷体」だ。

要は卸売事業者と特約契約を結んで販売チェーンを作るということなのだが、ユニークだったのはその保証金制度だ。特約卸売事業者は娃哈哈製品を扱うためにはまず保証金を納めなければならない。代金の未回収や目標販売数の未達、諸々の違反行為があった場合には保証金が没収されてしまう。

これだけだと卸売事業者にとっては損なことばかりだが、娃哈哈は保証金に銀行よりも高い利回りの利子をつけた。これならば金を預けるメリットも生まれるというものだ。娃哈哈にとっても集めた保証金を事業拡大のための資金として運用できるため、銀行からの借り入れに頼らない経営が可能となった。

さらに「聯銷体」は娃哈哈が生き残るための大きな契機となった。1990年代は都市に大型のスーパーが続々と誕生した時代である。巨大なバイイングパワーを持った小売企業はメーカーの生死を握る存在だった。スーパーに品物を並べてもらう、目立つ場所においてもらうためには進場費と呼ばれる費用を支払わなければならない。小売企業こそが生殺与奪の権を握っていたのだ。

しかし、娃哈哈は特約卸売事業者を通じてスーパーとは違う経路での販売を可能とした。都市、とりわけ大都市部では外資を中心としたスーパーが幅を利かせていたが、郊外や辺境部となれば話は別だ。娃哈哈のソフトドリンク製品は外資よりも値段が安かったこともあり、田舎でじわじわと勢力を拡大していった。

読書家の宗慶後はかつて知識青年として農場で働いていた時代、さまざまな本を読みあさったという。中でも愛読していたのが『毛沢東選集』だった。「**農村が都市を包囲する**」、まさに毛沢東の言葉通りの経営戦略を展開していたわけだ。

最強外資にケンカを売る

ボトルドウォーターで成功した娃哈哈はその後も次々と新製品を繰り出していく。中でも外資が圧倒的に強いコーラ製品でケンカを売ったのが1998年発売の「非常可楽」（非常コーラ）だ。

改革開放後に中国に流入したコカ・コーラ、ペプシコーラは中国人にとっては憧れの西洋社会のシンボルだった。中国政府は国産企業にコーラ製品を製造させて対抗しようとしたが、米国の圧倒的なブランド力にことごとく敗退している。その鉄の牙城にいどんだわけだ。

ここでも宗慶後は大々的なメディアジャックを敢行した。巨額の契約金で有名タレントを起用し、膨大なテレビCMを投下することで、一気に知名度を上げようとする戦略だ。「非常可楽」の広告に出演したのはあのジャッキー・チェン。

当時、中国に留学していた私もこの広告には洗脳された。あのジャッキーが日々ブラウン管の中で「非常可楽、非常好喝」（非常コーラは非常にうまい）と連呼しているのだ。これは買うしかないとお店にダッシュしたが、中国人好みにするためか、一般的なコーラよりもさらに甘ったるいという強烈な味付けに悶絶したことをよく覚えている。

他の製品でも同様の強烈な広告戦略を展開した。娃哈哈純浄水は人気歌手の景岡山《けいこうざん》を起用。5本購入すると、カセットテープがもらえるという当時としては他に類をみない販促手法で話題となった。2004年発売のビタミン水「激活」は当時圧倒的な人気を誇っていた台湾の歌手・王力宏《おうりきこう》を起用。中国各地でイベントを開き、CDを配って回ったという。

圧倒的なブランドがあっても敢然とケンカをしかける宗慶後、その力はかのコカ・コーラをも恐れさせた。「非常可楽は中国人のためのコーラをうたい文句にしているが、砂糖と香料は輸入品。ほぼすべての原料を中国で調達しているコカ・コーラのほうが実は中国的なのだ」と反撃キャンペーンを展開したかと思えば、売れ行き好調の非常可楽がペットボトル不足で苦しむと、取引先の工場に対して、娃

非常コーラを掲げる宗慶後。
（http://www.wahaha.com.cn/news/17）

哈哈にペットボトルを売るなど圧力をかけるなど、仁義なき戦いを繰り広げた。

「中国人のためのコーラ」はコカ・コーラ、ペプシコーラの牙城を崩すまでにはいたらなかったが、その強烈な味とすさまじい宣伝量はすべての中国人の記憶に残っている。

かつての仲間は今日の敵、世界的食品企業との大ゲンカ

独裁者にしてケンカ師の宗慶後に率いられた娃哈哈だが、21世紀に入り特大のケンカを繰り広げている。それが提携相手の企業・ダノンとの戦いだ。

前述のとおり、娃哈哈は1996年にダノンと提携契約を交わした。両者が出資した合弁企業を作り、すべての製品は合弁企業を通じて販売するという仕組みである。出資比率は当初、ダノンと娃哈哈が49％ずつ。シンガポール系ファンドが2％を保有するという構造だったが、後にダノンがファンドの持ち株を買収し、保有比率過半数の支配株主となっている。「中国人のためのコーラ」を販売していた娃哈哈だが、実は外資の支配下にあったのだ。

ところが両者は次第次第に亀裂を深めていく。ダノンが娃哈哈のライバルである楽百氏など別の中国企業にも出資したことから宗は懐疑心を抱くようになっていったという。ダ

ノンの支配を逃れるべく、宗はフランスに気づかれないよう〝独立〟のための準備を着々と進めていた。

娃哈哈の企業編成はきわめて複雑な構造をしている。元々の娃哈哈本体に加え、ダノンと合弁で設立した販売企業があるほか、各地の製造工場も別会社として設立されていた。各地の別会社を設立する際、ダノンの資本を受け入れない〝独立〟会社の数を増やしていったのだ。

娃哈哈の商標使用権は大元の合弁会社が握っており、販売もその会社を経由することになっていたため、ダノンも当初は静観していた。合弁会社を経由すれば、ダノンも利益の分配を受けられると考えていたためだ。しかし大元の合弁企業と独立系別会社との間でどの程度の比率で利益を配分するかは経営者のさじ加減一つで決まる。そして経営者として唯一絶対の独裁権限を握っていたのは宗慶後だった。実は1996年の提携契約において、娃哈哈側の保有する株式は49%にとどめられたが、経営権は宗に帰属するとの契約が盛り込まれていた。

2005年、ようやくダノンは得るべき利益がかすめとられていることを理解する。そこで独立会社の株式も譲渡するように宗に迫った。これを拒否したことで世界各地をまたにかけての裁判が始まったのだ。宗が作り上げたスキームは巧妙で、ダノンは裁判で苦戦を強いられた。

また**「中国のため、民族のため、外敵と戦う」**とぶちあげた宗に中国の世論とメディアは味方した。結局、ダノンも有効な手は打てず、「宗はアメリカのグリーンカードを取得している。娘は米国籍ではないか」とその背景を批判する口水戦（泥沼の舌戦）へともつれこんだ。

裁判は4年間にわたり続けられたが、2009年にダノンは合弁会社の株式をすべて娃哈哈に譲渡することで合意。ケンカ師・宗慶後は世界的な食品企業に対しても圧倒的な勝利を収めたのだった。

この3年後、2012年に宗は「フーゲワーフ長者番付」のトップ、中国一の大富豪の座に君臨する。三輪自転車で街を駆け回る購買部のおじさんは超人営業マン、最強のケンカ師という本領を発揮して、ついに頂点に立ったのだった。

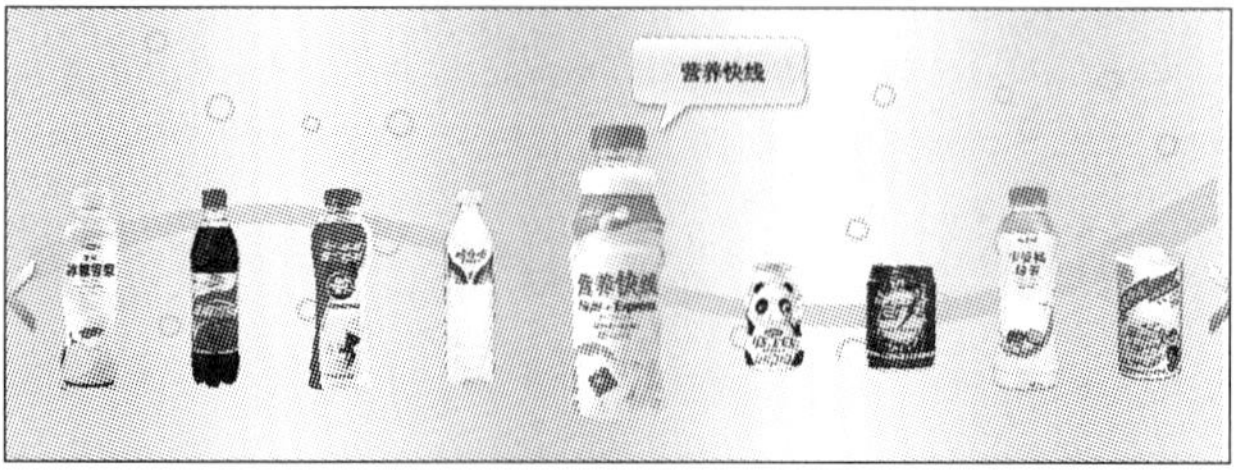

ワハハの現在の製品ラインナップ。
（出典：http://www.wahaha.com.cn/product/index.htm）

コラム　江沢民、胡錦濤、習近平——総書記三代の経済政策

　天安門事件以後、中国では江沢民《こうたくみん》（在任1989年~2002年）、胡錦濤《こきんとう》（在任2002年~2012年）、習近平《しゅうきんぺい》（2012年~現職）と3人の総書記が誕生している。それぞれの時代でどのような経済政策が行われてきたのだろうか。中国での一般的なイメージはというと、「イケイケどんどんの江沢民時代」「改革停滞とインフレの胡錦濤時代」、そして現在進行形で評価定まらずの習近平時代というのが相場だろうか。

　もっともこれらはあくまでイメージでしかないことには留意するべきだろう。そもそも共産党総書記はバランサーであって、トップのパーソナリティーによって政策がドラスティックに転換することはない。また、江沢民政権前期は鄧小平が最高指導者として君臨していたし、胡錦濤政権前期は江沢民が最高指導者とは呼ばれないものの強い影響力を行使するなど、時期の切り分けすらも難しい側面がある。困難は重々承知の上で、あえて蛮勇をふるって3人の時代を特徴付けしてみよう。

　江沢民時代は天安門事件直後の経済的打撃、保守派復活の流れから南巡講話による経済改革加速、そしてWTO加盟という流れで位置づけられる。特に大きなポイントとして分税制と国有企業改革がある。

　1994年に実施された分税制は各税種を中央と地方に配分した改革だ。これにより全税収の50

%以上を中央政府が掌握し、経済面での集権化に成功する。一方で税収に苦しむ地方は土地払い下げによる収入獲得の道に走り、後の不動産価格高騰への道が開かれる。

もう一つのポイントが朱鎔基《しゅようき》首相による国有企業改革だ。不採算企業の多くで人員整理を実施し、市場からの撤退を促した。1997年のアジア金融危機にからむ不良債権問題も乗りきる豪腕ぶりは高く評価された一方で、失業者を大量に生み出したことで庶民からは憎しみの対象となっている。

改革を停滞させたとこきおろされる胡錦濤だが、同政権下で中国は毎年のように二桁成長を達成。俗に改革開放30年間というが、その中でも最も高成長の時期を担当している。それなのにイメージが悪いのは市場化改革を前進させられなかったこと、広がる格差や官僚の汚職の問題に手を付けられなかったという無策のイメージが強いためだ。

またリーマンショック後の大々的な財政出動、金融緩和は現在のバブルの火種を作り出したと批判的な評価を受けている。

その後を継いだ習近平はどのような政策を展開しているのか。最大の目玉は反汚職キャンペーンだ。胡錦濤時代に顕在化した汚職を徹底的に取り締まる姿勢をアピールしたことで庶民からの人気は高い。中国に進出した日本企業の関係者も賄賂を要求される回数が減ったと聞いた。一定の効果はあげているようだ。経済面では大胆な規制緩和をテストする自由貿易試験区、さまざまな産業分野でインターネットの導入を加速させようとするインターネットプラス、農民を都市住民に転換させる新型都市化計画などが目玉となる。

第4章
米国が恐れる異色のイノベーション企業

Bloomberg

「この10年間、日々失敗のことばかり考えてきた。成功には眼を向けないようにしてきたし、栄誉や誇りなどなかった。あるのは危機感だけだ。だからこそ、この10年を生き延びられたのかもしれない」『励志一生網』

任《にん》正《せい》非《ひ》

Ren ZhengFei

イノベーション企業・華為（ファーウェイ）を支える異色の経営者

任正非

年表

1944年	0歳	貴州省安順区鎮寧ブイ族ミャオ族自治区で生まれる。
1963年	19歳	重慶建築工程学院（後に重慶大学と合併）に進学。
1967年	23歳	基建工程兵部隊に配属。
1978年	34歳	改革開放政策が始まる。
		全国科学大会で勲章を授与される。
1979年	35歳	米中国交正常化。
1982年	38歳	退役し電子機器メーカーの副総経理に就職するも解雇。
1984年	40歳	国有企業改革により、中国に初の株式会社が誕生。
1986年	42歳	日本のバブル景気はじまる。1991年に崩壊。
1987年	43歳	華為を創業。
1989年	45歳	天安門事件。
1991年	47歳	自主開発の交換機BH03を発売。
1992年	48歳	南巡講話。社会主義市場経済路線が確立。
1993年	49歳	デジタル交換機C&C08を開発。
1994年	50歳	外資の中国市場参入規制を緩和。
1997年	53歳	アフリカに進出。
1999年	55歳	インド・バンガロールに研究開発センター。
2000年	56歳	ドットコムバブル。
2001年	57歳	中国がWTOに加盟。
2002年	58歳	胡錦濤体制が成立。
2005年	61歳	海外市場の売り上げが中国市場を上回る。
2008年	64歳	リーマン・ショック。
		米スリーコムの買収に失敗。
2009年	65歳	日中のGDPが逆転。
2012年	68歳	習近平体制が成立。
		オーストラリア政府、華為子会社の国家ブロードバンド入札参加を禁止に。
		米議会報告書、華為・ZTEの通信機器は国家安全の脅威との指摘。
2015年	71歳	日本を訪れる中国人観光客が増加。「爆買い」が流行語大賞に。
		阿里巴巴が優酷網を買収。
2016年	50歳	古永鏘が優酷網董事長・CEOを辞任。

企業のイノベーション能力をどう測るかは難題だが、特許出願数は目安のひとつになるだろう。では出願数世界一の企業をご存知だろうか？　２０１４年から2年連続で世界一の座に君臨しているのが華為（ファーウェイ）だ。数が多いだけではない。２０１６年に交わされたクロスライセンス契約では、アップルが華為に特許料を支払うことが決まった。華為が利用するアップル保有の特許は98件、逆にアップルが利用する華為保有の特許は７６９件と大差がついたためだ。

「中国本土で強い内弁慶、研究開発よりも営業が命、成功すると不動産投資に注力」がよくある中国企業の姿だが、華為はその逆を行っている。異色のイノベーション企業が誕生した背景には、創業者である任正非の個性が大きくかかわっていることがわかる。心配性の元軍人、その生き様を追いたい。

辺境での極貧生活

任正非は１９４４年10月25日、貴州省安順区《あんじゅんく》鎮寧《ちんねい》ブイ族ミャオ族自治州で生まれた。著名な観光地として知られる黄果樹瀑布の所在地として有名な場所だが、険しい山々に囲まれた山岳地帯だ。

任が両親の人生を振り返ったコラム「私の父親母親」によると、父・任摩遜《にんまそん》は抗日戦争に身を投じた「熱血青年」だったという。

彼の父は大学時代から抗日運動に身を投じ、共産主義青年団に所属していた。国共合作が成立すると、広東省の国民党系軍需工場で会計員として働いたという。戦火の最中で工場の移転に伴い、貴州省に居を移した。任摩遜はその後教師となり、同じく教師の程遠昭と結婚し家庭をなした。

任正非は７人兄弟の長男として生まれた。一家の暮らしは大変厳しいものだった。辺境の教師の給料などたかが知れている。「シャツを買う金もなく、夏になってもコートを着ていた」と任はかつての生活を描いている。

暮らしは貧しかったが、教育熱心な両親の支えを得て、任は１９６３年に重慶《じゅうけい》建築工程学院（後に重慶大学と合併）へと進学する。その在籍中に起きたのが文化大革命だった。国民党軍の工場で働いていた経歴を持つ父親も批闘（暴力的な吊し上げ）の犠牲となった。

知らせを聞いてあわてて故郷に戻った任に、父親は頑として言い渡した。「ここにいる姿を人に見られればお前の将来に影響するだろう。すぐに大学に戻れ」、と。そしてこう続けた。「**知識こそが力だ。人が勉強しなくてもお前は勉強し続けろ。時代に流されるな**」。不動産バブルなど世間のブームに流されず、ただひたすらに研究開発に邁進する華為の企業姿勢は、あるいはこの父親の言葉に従っているのかもしれない。

禍福はあざなえる縄のごとし

大学を卒業した任正非は、人民解放軍の基建工程兵部隊（インフラ建設部隊）に配属される。工場や戦闘機格納庫、試験施設など数十もの軍関連施設の建設に携わったという。大会に任の同僚たちは次々と勲章を受章したが、大卒のリーダーである任だけは何も与えられなかった。ここでも父親の経歴が影を落としたのだ。

風向きが変わったのは1976年、毛沢東が死去し文革を主導した四人組が失脚した後だ。任は突然、勲章成金となる。文化大革命期に与えられなかった勲章が一気に授与されたのだ。1978年3月には北京市・人民大会堂で開催された全国科学大会に招かれた。

父の名誉も回復し、任も共産党への入党が許された。

ようやく人生が上向いたかと思いきや、そううまくは行かなかった。兵員削減改革によって、任が所属する基建工程兵部隊が消滅してしまったのだ。所属する幹部、兵士たちは各地の政府機関や国有企業に転属することとなった。

ちなみに近年、中国では退役軍人によるデモが頻発しているが、その多くがこうした**復員軍人幹部**（**転属軍人幹部**）によるものだ。軍役を全うした場合と同等の待遇を与えると約束されていたが、転属先の国有企業が潰れたり、業績が悪化したことで待遇が悪化してしまった。国に救済して欲しいという訴えである。

あるいは任もこうしたデモ隊の参加者になっていても不思議ではなかったかもしれない。1982年、広東省深圳市の大型国有企業・南油集団旗下の電子機器メーカーに配属され、副総経理という要職についたが、初めての取引で騙され、200万元（約2億6300万円）以上もの支払いが回収できなくなった。さすがにこれだけのミスを犯しては、会社にいられない。一発でクビである。

4000余名参战立功老兵、军转志愿兵士官7月19日在北京爱民街39号中央军委门外聚集，要求落实各项待遇。（六四天网）

写真は2016年7月19日、北京市の中国共産党中央軍事委員会庁舎を包囲した退役軍人デモ。軍口減らしのために退役させられた人々が、退職軍人としての待遇を求めてデモを行った。

（出典：http://www.64tianwang.com/bencandy.php?fid-8-id-23284-page-1.htm）

任は「まだ商品経済に慣れていなかった」と軍人から企業人になる難しさを話している。ともあれ人民大会堂での表彰という栄光からわずか4年で、任は解雇されて無職の身に転落する。

輸入業者としての旅立ち

1987年、任は5人の仲間とともに華為を創業する。「どこも雇ってくれなかったので、仕方なく起業した」と、後に任は自嘲気味に起業の理由を語っている。最初のオフィスは広東省深圳市郊外の農村にある、古びたマンションの一室だった。

事業は電話交換機の輸入販売だ。改革開放が始まり電話需要が激増するなか、政府機関や企業に設置する交換機の需要が高まっていた。輸入にはさまざまな許可が必要となるだけに、首尾良く輸入できれば仕入れ値の2倍で売れるというぼろい商売だった。

暴利に思えるが、それでも需要のほうがはるかに多く、購入者は品物の届く数カ月前に予約金を支払う必要があった。許可を取る力さえあれば、手持ち資金すら要らない商売というわけだ。

もっともおいしい商売には、山のような参入者が登場するのは道理である。次々と新規参入者が現れ、電話交換機の輸入業はたちまちレッドオーシャンと化した。どこの業者を使っても届くのは外国の製品なのだから品質は似たようなものだが、任は故障時の速やかな対応や代用機の貸与など顧客サービスを徹底し評価を高めていった。

1989年、電話交換機輸入業界に転機が訪れる。交換機製造に参入した国営企業を守るため、政府が輸入規制を強化したのだ。輸入業者が次々と潰れていくなか、華為の業績も悪化していった。ライバルたちが別の商売に転身していく中で、任はまったく別の道を選んだ。それが自主開発といういばらの道だった。

初の自主開発に成功

華為が最初に開発した電話交換機BH01は自主開発とは名ばかりで、国有企業から部品を買い集めてきては組み立てただけという代物だった。宣伝用のチラシも他企業とまったく同じもので、会社名と住所を修正液で消して書き換えただけ。それをファックスして営業をかけるという原始的な手法だった。

それでも顧客サービスの良さからBH01は好評を博した。ただ国有企業からの部品供給が遅れ、製品納入やアフターサービスに支障がでるという問題が起きた。

この苦境を乗り越えるのはやはり技術しかない。1991年、華為はついに自主開発の交換機BH03をリリースする。同製品はその後も改良を続け、2008年まで販売を続ける大ヒット商品となった。初の自主開発に成功したことで、任は**第一桶金**を手にする。

任正非は技術者出身とはいえ、専門は通信技術ではない。研究開発は新たな人材に頼らざるを得なかった。

初期の華為を支えたのが華中理工大学（後に華中科技大学と改名）だ。同校との太いパイプは偶然によって生まれたものだった。1989年、華中理工大学の修士を卒業した鄭宝用《ていほうよう》が華為を訪問した。会社を訪れた鄭は華為の熱気にあてられ、合格が決まっていた清華大学への進学をとりやめ、深圳で働くことを決意する。

入社後、まもなく鄭は副総経理、技術系トップにあたる総設計師という要職についた。当時の中国では高学歴の技術者はきわめて貴重な存在だったとはいえ、新人にいきなり開発トップを任せるのは珍しい。鄭は自らの腕を振るうだけではなく、華中理工大学の人材を次々とスカウトする仕事も果たし、華為の開発陣を充実させていく。

軍の指揮官という経歴も影響しているのだろうか。任正非はモチベーターとして非凡な才能を持っていた。若き開発者たちに権限と仕事を与え、ハードワークするよう叱咤激励した。才能を発揮する機会を得た人材たちは水を得た魚のように必死に働いていく。

社内の活気を表す言葉として、「**マットレス文化**」なる言葉が残されている。新入社員には薄いマットレスが配られ、オフィスで仮眠を取ってしのいだことを意味する。当時の中国では定時きっかりの退社は当たり前、なんなら定時前に帰宅してしまうことすら当然という世界だったのだから、華為の環境が特殊だったことは明らかだ。

ブラックな仕事環境にも思えるが、入社するやすぐに責任ある仕事を任せられて腕を振るうことができ、給料も年々上がっていくのだから、若者たちに大きな不満はない。社内は活気にあふれていた。

ファーウェイ社員向けのネット掲示板「心声社区」。
（出典：http://xinsheng.huawei.com/cn/index/guest.html）

社運を賭けた新製品が失敗

ＢＨ03の開発に成功した華為は次にさらなる野心的な目標にチャレンジする。それは電話会社向けの大型交換機の開発だ。

ついこの間まで有象無象の輸入代行業者だった小企業には過酷すぎるチャレンジと思われたが、任は会社のリソースをすべて突っ込んでの大ばくちに挑んだ。1993年初頭、ついに大型交換機JK1000が完成した。ライバルたちに大きく差を付けた戦略商品だ。任の賭けは成功したかに思えた。

技術的には大きな飛躍となった大型交換機の開発だが、経営的には失敗に終わってしまう。デジタル技術の導入という時代の潮流を読み違えていたのだ。

固定電話は急速に普及していたが、それでも広い中国に行きわたるにはまだまだ時間がかかるというのが任の読みだった。2000年時点で普及率は5%程度にとどまるだろうと見積もっていた。しかし、実際には50%を超える数字を記録している。予想をはるかに上回るペースで成長が続いたのだ。

その分だけ交換機も必要になったが、問題は数だけではなく、技術レベルでも予想を超えたペースで進歩したことにある。任はまだまだアナログ交換機の時代は続くと考えていたが、長期にわたり使用する交換機だけになるべく最新技術を導入したいと電話会社は考えていた。

華々しくデビューしたJK1000だったが、誕生時点で早くも時代遅れの代物となっていたわけだ。社運をかけて開発した新製品がさっぱり売れない。華為の営業陣は必死に売り込みを図ったが、成績は振るわなかった。

デジタル交換機への挑戦

社運を賭けた新製品が失敗した。存亡の危機に立たされた華為だが、この危機も技術によって克服すると決めた。デジタル大型交換機の開発だ。しかしそれは深圳の片田舎にある小企業が世界的大企業と互角の土俵にあがるという、厳しいチャレンジだった。

ＪＫ１０００にしても中国の大都市部での採用を狙ったものではない。当時の中国電話網は「**七国八制**」と呼ばれ、日本のＮＥＣと富士通、アメリカのルーセント・テクノロジー、フランスのアルカテルＳＡ、スウェーデンのエリクソン、ドイツのシーメンスなど世界の大企業が〝瓜分《かぶん》〟する戦国時代だった。世界の強豪たちが取りこぼした農村の基地局をターゲットにするのが華為の「**鶏肋戦略**《けいろく》」だった。鶏肋とは鶏の肋骨の意味。『三国志』の曹操《そうそう》の台詞として知られ、「たいして役には立たないが、捨てるには惜しい物」という意味になる。

デジタル交換機の開発は強者たちの土俵に上がることを意味する。それでも任はひるまず、企業の生死を賭けた開発に挑んだ。残った資金のすべてが投入された、まさに最後の大勝負だ。開発成功前に、華為営業部は契約を獲得し、浙江省義烏市《ぎうし》の基地局が最初の納品先と決まった。

当初は1993年6月には製品を納入するという手はずだったが、開発は終わらない。10月になってテスト品のような状態で運び込んだ。開発スタッフが現地に泊まり込み、客先で開発するというデスマーチが続いた。2カ月にわたる悪戦苦闘の末、ついにデジタル大型交換機C&C08は稼働した。

80年代以降、中国には無数の交換機輸入業者、国産メーカーが大量に出現した。しかしデジタル交換機の開発に成功したのは4社だけだ。それが巨龍通信、大唐電信、中興通訊(ZTE)、華為の4社だ。この4社は「巨大中華」と総称され、中国交換機市場を牛耳る存在へとのしあがっていく。

巨龍通信と大唐電信は政府の支援を受けた国策巨大企業である。彼らはその後没落するが、自力で最先端技術にチャレンジした中興と華為の2社は世界的通信機器メーカーへと成長していくことになる。

海外へ進出

C&C08の開発に成功し危地を脱した任正非は「これで生き残った」と安堵の言葉を発したという。

もっとも、危地を脱した後も挑戦の手を緩めることはなかった。1998年に作成された会社の基本方針「**華為基本法**」では、売り上げの10%以上を研究開発費にあてると約束し、技術主導型企業というDNAを堅持すると宣言した。

一方で技術自慢のための開発はやってはならないとも戒めた。「**他社よりも半歩先をゆく製品を目指せ**」が任の信条だ。市場ニーズとかけ離れた、自己満足のための開発は不要だ。あくまで売れる製品を目指す。中国最強のイノベーション企業でありながらも、技術におぼれぬよう警告しているのだ。

輸入業者の時代から華為は充実したサービスで評価されていたが、大型デジタル交換機の開発に成功し、先端企業の仲間入りをした後もその企業姿勢に変化はなかった。世界的企業がとりこぼした、農村という「鶏肋」を丁寧に拾い集めてシェアを伸ばしていったのだ。

中国では国内市場が巨大で、しかも急成長を続けているだけに、リスクの大きい海外進出には躊躇しがちだ。たとえ進出したとしても、中国での成功パターンは海外では通用しない。

しかし、華為は粘り強く海外展開を続け、成功に導いた。1997年にはアフリカ市場に進出。1999年にはインド・バンガロールに研究開発センターを設立する。翌2000年には海外市場での売り上げが1億ドル（約110億円）を突破。メキシコでは治安が悪いことを考慮し防弾設備を備えた基地局設備を開発し、ロシア向けには寒冷地対応を徹底した。ニーズのくみ上げと技術開発という華為の武器が遺憾なく発揮されている。かくして2005年には海外での売り上げが国内市場を上回り、国際企業の仲間入りを果たした。

華為の冬

飛ぶ鳥を落とす勢いで成長する華為だったが、任正非は常に慎重な姿勢を崩さなかった。悲観的と言ってもいいかもしれない。2001年、彼は社内誌に「華為の冬」なる文章を掲載している。

創業以来、私は毎日失敗についてばかり考えてきた。成功は見ても見なかったことにし、栄誉や誇りも感じず、むしろ危機感ばかりを抱いてきた。だからこそ、華為は10年間も生存できたのかもしれない。そして、どうすれば生き残れるかを皆で一緒に考えれば、もう少し長く生き延びることができるかもしれない。

失敗という〝その日〟は、いつか必ずやってくる。私たちはそれを迎える心の準備をしなければならない。これは私の揺るぎない見方であり、歴史の必定でもあるのだ。

（田濤、呉春波『最強の未公開企業華為冬は必ずやってくる』東洋経済新報社、2015年、213ページ）

会社が傾いた時の言葉ならばともかく、ドットコムバブル全盛時代に書かれたとは思えない内容だ。

果たして任の予見どおり、通信業界には厳しい冬が到来した。

通信機器は変化が激しい業界だ。世界を席巻していたモトローラが解体され売却されたように、多くの世界的企業が沈没していった。その中で生き残ったのは、治にいて乱を忘れずを地でいく任正非の華為だった。

45歳選択定年制と社員持ち株制

ともかく心配性の任正非だけに、社員が慢心しないよう、会社が弱体化しないようにと常に気を配っている。その象徴とも言えるのが「**45歳選択定年制**」だ。字面だけ見ると早期退職が選べる制度のように思えるが、実際はというと会社に残ろうとすれば人事部の認可が必要になる。能力がなければ45歳で会社から放り出されてしまうのだ。

恐ろしい制度のようにも思えるが、意外にも社員からは不満はないのだという。というのも、華為は社員持ち株制という異色の制度を採用しているためだ。世界的大企業になった今も華為は上場していないが、株式の大多数は社員持ち株会社が保有している。社員は持ち株会社に出資する権利があり、高額の配当を受け取ることができる。45歳で退職してもこの権利は失われないため、むしろ若くして悠々自適の生活ではないかとうらやましがられることも多い。社員持ち株制で従業員のモチベーションをキープしながら、選択定年制で会社の若さを保ち続けるという構造だ。

ちなみに2008年には中国全土をあっと驚かせた集団辞職

華為のスマートフォンは日本でも人気を高めつつある。
（出典：http://consumer.huawei.com/minisite/jp/mate9/index.htm）

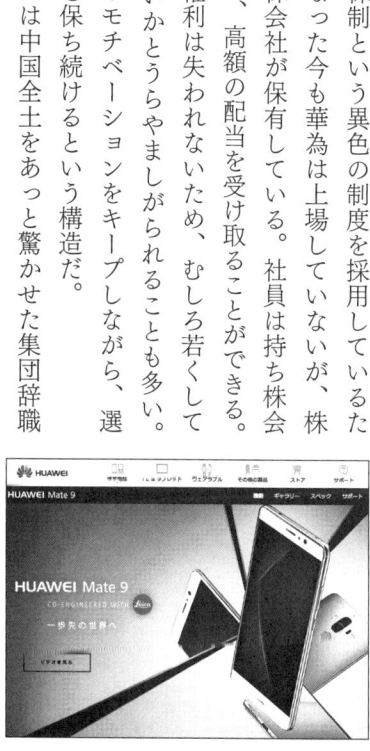

事件もあった。在職期間が8年以上の社員は自主的に辞表を出せと通達したのだ。その後、再び面接を受けて華為に再就職するという手続きを取った。なおこの時、任正非までもが一度辞職し、率先して見本を示している。労働契約法のからみもあったが、会社の若さと社員の緊張感を保つためならば、奇想天外な手法もいとわないというわけだ。

華為の現在と未来

電話交換機やモデムなどの通信機器など企業向け通信機器を製造していた華為だが、21世紀に入り、フィーチャーフォン、スマートフォン、タブレットなどのコンシューマー分野にも進出した。日本でもシムフリー機として次第に人気を高めているのはよく知られているところだ。

携帯電話やタブレットはかつての電話交換機市場と同じく、有象無象のメーカーが乱立する一大戦国時代である。部品だけかき集めてきさえすれば、簡単に携帯電話メーカーになれてしまう。草の根の挑戦者だった過去と世界的巨人という現在では立場が異なるが、気を抜けばすぐに転落する乱世に飛び込んだことに違いはない。アップル、サムスンという世界的ハイエンドメーカー、そして有象無象の安売り国産メーカーに挟み撃ちされた華為は苦戦を余儀なくされる。

世界的企業には太刀打ちできず、小回りがきく新興中国企業に追い抜かれ……それでも華為はあきらめなかった。有名企業のパーツを組み合わせて自社製品を作り上げる手法が流行する中で、黙々と基幹技術の開発を続けていった。

技術主導の姿勢、そしてクオリティと価格を両立させたコストパフォーマンスは次第に消費者の心をつかんでいく。2015年には華為のスマートフォンの出荷台数は1億台を突破。2016年の中国スマートフォン市場でも好調を維持し、華為は中国1位、世界3位の座を獲得している。


中国市場においても、そして世界市場においても結果を残した華為だが、さらなる成長のためにはどうしても解決が必要な問題が残されている。それは「軍の背景」という疑念だ。

2008年、米IT大手スリーコムの買収を試みたが、対米外国投資委員会（CFIUS）が安全保障面で懸念があると指摘したために頓挫した。問題視されたのは任の経歴だ。基建工程兵部隊で副団級（副連隊長級）の地位を得ていたことから、今なお軍と深い関係があると疑われたのだ。その後も米国や英国、オーストラリアなどでは安全保障上の理由から政府や通信会社の入札から締め出される事態が続いた。

文化大革命時代には父親が吊し上げにあった。軍人時代には勲章が与えられなかった。そして今では米国からの疑念にさらされている。任は「身分」に苦しめられっぱなしの人生を送ってきた。しかし、そのたびに任は壁を打ち破り続けてきた。そして、今もなお新たな戦いに果敢に挑んでいる。

成功を自慢する中国の経営者たちとは異なり、任は控えめな姿勢を崩さない。メディアに登場する機会もほとんどなく、自伝の類も出版されていない。華為自体も企業としての宣伝にはあまり力を入れてこなかった。

だが、新たな戦いでは華為がいかなる企業なのかを世界に発信し認められる必要がある。企業イメージ転換という新たな戦場に華為は挑戦している。

第5章

不動産からサッカー、映画まで！爆買い大富豪の正体とは

「もし成功を望むならば、他者に先んじなければならない。誰も追いつけないようにしなければならない。イノベーションが必要だ。経営において最重要なことは運用モデル、ビジネスモデルのイノベーションだ。イノベーションがあって初めて、特色ある核心的競争能力を得ることができる」『励志一生網』

Bloomberg

王《おう》健《けん》林《りん》

Wang JianLin

世界の映画業界を"爆買い"した

大連万達集団（ワンダ・グループ）の総帥

王健林

年表

1954年	0歳	四川省都江堰市で生まれる。
1969年	15歳	人民解放軍に入隊。
1978年	24歳	改革開放政策が始まる。
		大連陸軍学校に入学、その後同校で勤務。
1979年	25歳	米中国交正常化。
1984年	30歳	国有企業改革により、中国に初の株式会社が誕生。
1986年	32歳	日本のバブル景気はじまる。1991年に崩壊。
		退役。大連市西崗区政府弁公室主任に。
1988年	34歳	西崗区住宅開発公司の総経理に就任。
1989年	35歳	天安門事件。
1992年	38歳	南巡講話。社会主義市場経済路線が確立。
		株式会社に改組、大連万達集団株式有限公司と改称。
1994年	40歳	外資の中国市場参入規制を緩和。
2000年	46歳	ドットコムバブル。
		総合商業施設「万達広場」の開発を展開。
2001年	47歳	中国がWTOに加盟。
2002年	48歳	胡錦濤体制が成立。
2007年	53歳	スーパーマーケット「万達連鎖百貨」を展開。
2008年	54歳	リーマン・ショック。
2009年	55歳	日中のGDPが逆転。
		映画事業、レジャー開発に参入。
2012年	58歳	習近平体制が成立。
		米映画館チェーンAMCを買収。
2015年	61歳	日本を訪れる中国人観光客が増加。「爆買い」が流行語大賞に。
2016年	62歳	スペインのサッカークラブ、アトレティコマドリーの株式を取得。 FIFAのトップレベルスポンサーに。 米映画スタジオ「レジェンダリー・ピクチャーズ」を買収。

２０１３年9月22日、山東省青島市にレオナルド・ディカプリオ、ニコール・キッドマンなど豪華ハリウッドスターが集結した。さらにソニーピクチャーズ、ワーナー・ブラザーズ、ユニバーサルなどハリウッド映画企業の幹部も顔をそろえた。

豪華メンバーが集まったのは映画製作基地、テーマパーク、レジャー施設を兼ね備えた青島東方影都の起工式だ。これほどの顔ぶれをそろえられたのも、映画界のドンに登り詰めた王権林の力があればこそ。大連万達集団を率いる王は、ハリウッドの映画スタジオ、北米と欧州の映画館チェーンなどを次々を買収し今の地位を築いた人物だ。

本章では、軍人から不動産業者へ——そして今や百貨店、高級ホテル、スポーツ、映画などさまざまな分野に進出した「中国一の大富豪」王健林の人生を追う。

15歳の少年軍人

王健林は1954年、四川省都江堰市で5人兄弟の長男として生まれた。父・王義全《おうぎぜん》は1933年に中国共産党に身を投じ、長征、日中戦争、国共内戦を経験した歴戦の強者だ。

革命エリートとして生まれた王健林だが、文化大革命の嵐から逃れることはできなかった。父が林業局創設の任務を受けたため、一家は四川省の田舎、アバ・チベット族チャン族自治州大金県《だいきんけん》(現在は金川県《きんせんし》)に引っ越すことになったのだ。王も中学校を中退し、林業局の職員として働いた。

その後、1969年に上山下郷運動の名の下、軍への配属が決まった。本来ならば入隊できる年齢ではないが、年齢をごまかしての志願入隊だった。

内モンゴル自治区に配備された王だが、まだ若く細身で周囲に心配されたという。班長が「食事時はまずご飯を半分だけよそうんだ。それをすぐに食べ終わって山盛りをおかわりしなさい」とアドバイスしたという。

軍隊として食糧が十分にはない時代だ。まごまごしていれば他の兵士に全部米を食べられてしまう。最初に半膳だけよそっておけば人より早く食べ終わっておかわりできるという智慧だ。また歩兵銃は重すぎるだろうとピストルで代用することが許されたとの逸話も残されている。

だがそうした心配は不要だったようだ。かぼそい少年はみるみる頭角を現していった。40キロを走破する雪中行軍演習が実施された時など、参加兵士の約6割が脱落する過酷な演習だったが、王は最後まで歩き通したという。

兵士として非凡な力を見せた王は1978年、24歳で排長（小隊長）にまで昇進していた。この年、大連陸軍学院への入学が許される。中国人民解放軍トップの陸軍学校であり、出世街道に乗ったといっても過言ではない。

陸軍学校でも王は優秀な成績を残し、卒業と同時に同校宣伝処の職員として採用される。後に陸軍学院管理処副所長（副団級、少佐・中佐相当）に就任する。

鄧小平の「100万人兵員削減」、志願の除隊

軍での出世街道を邁進していた王健林だが、1986年に転機が訪れる。鄧小平が断行した「**100万人兵員削減**」のあおりを受けて、軍を辞めることになったのだ。

鄧小平は経済のみならずさまざまな分野での改革を進めていたが、兵員削減もその一つだった。

当時の人民解放軍は、実に400万人もの人員を抱えていた。この数は米軍の2倍だが、防衛費は米国のわずか2％しかない。兵士一人あたりの国防費で考えればその差は絶望的だ。国防費の大半は兵士を食わすためにあてられ、軍備の充実など夢のまた夢だった。

また400万人とはいっても、実戦部隊が占める比率は6割足らず。幹部や文芸部隊が多すぎると問題となっていた。軍の削減はどの国においても難事業だが、ストロングマン・鄧小平はこのタブーに果敢に挑んだのだった。

なお、こうした軍の精強化を目指す兵員削減はその後、何度か繰り返されている。直近では2015年9月の大閲兵式において、習近平総書記が30万人の兵員削減を約束している。


さて、この時削減された100万人のうち、60万人が幹部クラスだった。彼らは地方政府や国有企業などに転職する復員幹部となったが、企業に配属された元軍人たちは市場経済の荒波にもまれて次々と没落していった。

しかし、その一方で元軍人の企業家も少なからず存在する。こうした「**軍人企業家**」

の数は5万人を超えるという。華為の任正非、大連万達集団の王健林はその代表格と言えるだろう。

貧乏くじを引いた幹部が除隊を余儀なくされるなか、王は率先して除隊を志願したという。軍に入るのも志願ならば除隊も志願。真っ先に新天地に突撃していく姿はその後の大連万達集団の発展の軌跡と合致している。

地上げ屋も辛いよ、おんぼろ三セクの復活

軍を去った王健林に与えられたのは、大連市西崗区《せいこうく》政府弁公室主任というポストだった。無数にいる復員幹部の中でも恵まれたポジションと言ってもいいだろう。たいして仕事をしなくともクビになることはない「鉄飯碗」（壊れることのない鉄のお茶碗の意、日本風に言うならば親方日の丸と言ったところか）の職場だからだ。

ところが王は1988年、第三セクターの西崗区住宅開発公司の総経理に志願する。都市再開発を実行する国有企業だが、赤字続きのお荷物企業だった。

国有企業といえども改革開放の時代ならば、取り潰しや改組は十分にありうる話だ。今でこそ不動産事業は金のなる木と見られているが、当時の一般人にとって「鉄飯碗」を捨

てリスキーな仕事に挑むことは理解できない発想だった。

軍人上がりの王がトップに就任したことで、西崗区住宅開発公司は次第に戦える企業へと変貌していく。その中でも特に名を高めたのが大連市政府庁舎南の旧市街地改造だ。補償金を支払って住民に移動してもらい新しい住宅を作る。不動産企業と地上げ屋を兼ね備えた役柄である。


中国の都市再開発というと、日本では貧しい庶民たちの残酷物語として伝えられることが多い。

雀の涙の補償金しか与えられない上に、断ればさまざまな嫌がらせが行われる。電気も水道も遮断された。蛇やサソリ、糞便が投げ込まれる。チンピラがやってきて住民を外に連れ出し、その間に重機で家を取り壊した。などなど、嫌がらせのオンパレードが日本メディアでも報じられている。それだけやりたい放題をして、安い価格で土地を獲得し、マンションが作れるならば、濡れ手に粟のビジネスではないか。そう思われる方もいるかもしれない。

もちろんそうした事例も少なくないのだが、企業の側から見れば庶民たちは少しでも高く補償金をつり上げようとする厄介な存在である。上述のような地上げエピソードには「大企業の残虐非道なふるまいを宣伝する」住民側の誇張が含まれているケースも少なくないのだ。

私の知人は1990年代初頭に立ち退きをしたが、再開発の噂を聞くやすぐに中庭部分に屋根をつけて「ここも家の一部だ」と主張した。補償金、または代替住宅の広さは現在の住宅の床面積をもとに計算されるので、少しでもつり上げようとする作戦だ。

不動産会社は政府に登記されている正規の床面積の分しか補償金は支払えないと主張するが、ならば絶対に立ち退かないと強硬姿勢で戦った。結局、ベニヤ板で天井を作っただけの急増家屋も一部は床面積に組み入れてもらったという。中国各地で頻発する立ち退きトラブルにはこうした庶民の智慧が発端となっているケースが少なくない。

あの手この手で立ち向かってくる庶民をなだめ、立ち退いてもらうにはコストがかかる。特に当時の大連市には、どんなに小さな家に住んでいる住民でも最低35平米で計算して代替住宅を与えるとの規定があり、再開発のコストを押し上げていた。

立ち退き費用を考えると、再開発後の住宅価格は当時の大連市で最高額になってしまう。これでは売れるはずがないではないか。貧乏くじは引きたくないと誰も手をあげようとはしなかった。

王はこの難題に果敢に挑んだ。当時はまだ珍しかった30階建ての高層ビル「万達高層」と一戸あたり130平米という大面積でグレードを引き上げ価格を上げたのだ。この後、中国では不動産ブームが到来し、高い部屋ほど資産価値も高いと好まれるようになっていく。時代を先取りした判断だった。

「万達高層」の成功が王健林の**第一桶金**となった。

国有企業の「鉄飯碗」を捨てて株式企業化

西崗区住宅開発公司は第三セクター、一応は国有企業の端くれである。政府がバックにいるという安心感がある一方で、がんじがらめの規制も悩みのタネだった。

たとえば、研修旅行が紀律違反として中国共産党紀律部局に警告されたこともある。社員に対する規定違反の賞与と判断されたのだ。結局、王は社員たちに頭を下げて研修旅行代金を支払ってもらった。仮病で仕事を休んだ社員をクビにしようとしたら、「おまえにそんな権限はない」と言い返されたこともあった。

第一桶金となった万達高層。
(出典：http://dl.lianjia.com/xiaoqu/1311041958282/)

強い企業になるためにはトップダウンの権限が必要だ。今のままでは立ちゆかない。そんな悩みを抱えていた時に舞い込んできたのが国有企業改革の知らせだった。大連市体育委員会が主導するプロジェクトで、選ばれた3社が試験的に民間企業に改組することが認められるという。

「鉄飯碗」を捨てることになると及び腰の企業が多いなか、ここでも王は真っ先に手をあげた。1992年、こうして西崗区住宅開発公司は大連万達集団株式有限公司と改名し、民間企業への道を一歩歩み出した。

当初は政府機関が大半の株を保有していたが、株主構成の変遷を繰り返し、2007年には王が法定代表人を務める上海万尚が全株式の49・25%を持つ筆頭株主となった。これにより王は名実ともに大連万達という帝国を掌握する。

枷から逃れた王健林は貪欲にその事業を拡張していく。大連市を飛び出し、中国各地で事業を展開するようになったのだ。

80年代末から始まった不動産ブームにより中国各地には無数のローカル不動産王が誕生した。しかし地盤を超えて他地域に展開することは容易ではない。土地の払い下げから許認可まで開発には地方政府との太いパイプが必要となるだけに、多地域展開のハードルはきわめて高いのだ。ここでも王の果敢な突撃精神が発揮されたわけだ。

アウェイの環境において、なぜ大連万達は成功できるのだろうか。「地方政府が私たちを誘致するのですよ」と王はうそぶく。地方官僚にとって経済成長率は**政績（官僚の評価）**の要。スピーディーな開発を進める能力が高い大連万達は頭を下げても来て欲しい存在だという。

中国の企業家にとって有力政治家との関係はきわめて重要なリソースだ。その一方である特定の政治家に肩入れすれば、その人物が失脚した時に巻き込まれるリスクも高くなる。数え切れないほどの事例があるが、一人代表格をあげるとするならば王と同じく大連を地盤としていた大連実徳集団の徐明《じょめい》だろうか。

徐明は1992年に政府旗下の貿易企業として出発し、株式会社化に成功。建材、石油化学、金融、スポーツなどの事業を展開する巨大企業に成長した。その後ろ盾となったのが大連市市長を務めた薄熙来《はくきらい》だ。

徐明は「薄熙来の財布」と呼ばれ、性豪の薄のために美女を差し入れするなど関係を深めていった。2012年の薄熙来失脚に伴い徐明も逮捕されたが、その身柄をめぐって薄熙来のボスであった中国共産党中央政治局常務委員の周永康の命を受けた武装警察隊と、胡錦濤の指示を受けた人民解放軍がにらみあいになる騒ぎまであった。

軍と武装警察が緊急出動する姿を見た北京市民の間ではクーデターかと騒ぎになったほどだ。徐は贈賄の罪で懲役3年の有罪判決を受けたが、2015年に獄中で死去している。

同じく大連に基盤を置く王健林も薄熙来と深い関係にあったはずだが、一切累が及ぶことはなかった。不動産企業が政商としての顔を持つことは免れようがないが、一定のラインを引くことが重要だと王はその処世術を語っている。

「白手套」で失脚を回避

だが、本当に処世術だけで生き延びたのだろうか。2015年4月、米紙ニューヨークタイムズは「王健林、中国のビジネスと権力の交差点にたつビリオネア」と題した調査報道を発表した。

この報道によると、大連万達の投資家を調査した結果、温家宝《おんかほう》元首相の娘のビジネスパートナー、いずれも大物政治家である賈慶林《かけいりん》や王兆国《おうちょうこく》の親族、胡錦濤の息子、さらに習近平の姉・斉橋橋《さいきょうきょう》などがファンドを通じて第三者割当増資で株式を取得していたことが明らかになったという。

「白手套」という中国語があるが、それは贈収賄が明るみに出ないよう間に入る第三者を意味する。官僚が信頼を置く親族がその役割を担うことが多く、大連万達は無数の「白手套」と関係を持っていた可能性が高い。

しかも共青団の胡錦濤元総書記、上海閥の賈慶林元中国共産党中央政治局常務委員、太子党の習近平総書記など対抗関係にある勢力のすべてと付き合いを持つことで、どこか一つの勢力が力を失っても巻き込まれて沈没しない万全の体制を整えていたことが明らかとなった。

〝中国版イオンモール〟で成功

さて、王健林は2000年からは総合商業施設、万達広場の開発をスタート。住宅開発分野にとどまるライバルたちを引き離す高成長をなしとげた。

万達広場はショッピング、飲食、娯楽、ホテル、オフィスなどさまざまな機能を備えた大型施設だ。日本のイオンモールのような存在といえばわかりやすいだろうか。イオンモールが主に車での来客を想定しているのに対し、モータリゼーションが未成熟な中国だけに、万達広場は都市の中心部にあるランドマーク的な存在になっている点がやや異なる。
２０００年に長春《ちょうしゅん》市で１号店がオープン。その後も各地で建設を続け、２０１７年１月現在では建設中の施設を含め、１６８もの万達広場を展開している。万達広場の公式サイトを開くと「**万達広場就是城市中心**」（**万達広場こそシティセンター**）とのキャッチコピーが目に飛び込んでくる。北京市や上海市では他にいくらでも楽しめる娯楽施設があるが、郊外や田舎では万達広場こそが最強の娯楽施設としての地位を確立した。

改革開放以後中国経済は高成長を続けてきたが、２００１年12月の世界貿易機関（ＷＴＯ）加盟により成長はさらに加速した。都市のサラリーマン層、中産階層が増加し、消費の急成長が始まった。「世界の工場」から「世界の市場」への変化が始まったわけだが、王はその転換をいち早く捉え、誰よりも早く突撃し勝利を収めたのだ。

もちろんそのすべてが最初から成功したわけではない。遼寧省瀋陽市の太原街万達広場は冬になると店が寒い、床がすべるとい

万達広場の公式ホームページ。
（出典：http://www.wandaplaza.cn/）

った問題が多発し、まったく客が集まらないモールとなってしまった。

これには万達広場だからと信用してテナントを借りたショップ経営者たちも非難の声をあげた。大連万達もなんとかしようとエアコンを大量に配備したり、大々的に広告を打ってみたりするが、どうにもならない。ついに王は万達広場の建て替えを決断する。テナント契約者には全額返金したため損失は10億元（約137億円）を超えたというが、それでもブランドの価値を守ろうとした大連万達の評価は大いに高まったのだった。

2009年からはレジャー施設開発にも参入、その後も映画、スポーツなど文化産業へと事業分野を拡大していく。

サッカーと大連万達

大連万達と聞けば、中国人がまず思い出すのはサッカーだ。1993年、大連のサッカークラブとスポンサー契約を交わし、翌年から始まった中国のプロリーグに大連万達クラブとして参戦する。1996年、1997年にはリーグ優勝、1998年にはアジアクラブ選手権（現在はAFCチャンピオンズリーグに改組）で準優勝を果たし、中国を代表する強豪クラブとして名を馳せた。

中国が強い球技といえば、卓球やバドミントン、バレーボールが有名だ。特に卓球は「国球」（球技における国技）とまで言われている。しかし人気ではサッカーが圧倒的なナンバーワン・スポーツだ。

サッカー人気の背景にあるのは、1992年の英プレミアリーグの誕生だ。巨額のテレビスポンサー契約による潤沢な資金で英国は一気に世界最高峰のプロサッカーリーグへとのしあがったが、この熱気に中国も巻き込まれた。中国市場の将来性に目を付けたプレミアリーグがきわめて安価で配信権を売却したため、中国では無料の地上波でいくらでもハイレベルのサッカーが見られる状況となり、一気にファンが激増したのだ。

今ではヨーロッパ・チャンピオンズリーグの決勝ともなると、国中が大騒ぎになる。W杯期間中には「徹夜続きでも体を壊さないようにするために」と指南する記事がでるほどのサッカー好きの国なのだ。この未来を予見してサッカークラブに投資したのならば、王の先見の明たるや恐るべきものと言わざるを得ない。

もっとも、誤算はあった。ハイレベルな欧州サッカーを見まくった中国のファンたちはそれで満足してしまい、中国サッカーの人気はすっかり低迷してしまったからだ。

王健林とサッカーのかかわりは、1990年代初頭に大連市体育委員会から住宅開発の依頼を受けたことから始まる。その際にサッカークラブへのスポンサー契約を約束したのだった。結局、不動産開発の契約は流れたが、王は約束通りスポンサー契約を取り交わした。自らたびたびスタジアムに足を運ぶなど大変な熱の入れようだったという。

この大連万達クラブの栄光の歴史はあっけなく幕を閉じる。１９９８年、サッカー協会杯の準決勝で、同クラブは疑惑のＰＫで敗れた。激怒した王は「**ピッチ上に闇が多すぎる**」との言葉を残し、サッカーから離れると宣言。翌年、クラブを売却した。

この後、10年以上もサッカー界から遠ざかったが、２０１１年に電撃的復帰をはたす。今度はクラブではなく、中国サッカー協会とスポンサー契約を交わしたのだ。代表チーム及び青少年育成に資金を提供するものだ。17歳以下の優秀な若手選手を年間30人、スペインなどのサッカー先進国に留学させるという野心的な計画を打ち出した。

現在、中国企業はこぞってサッカー事業に投資している。エンターテイメント産業が急成長を遂げるなか、スポーツ事業の将来性を見込んだ投資が続く。また、裏側にはサッカー好きの習近平総書記の歓心を買う狙いもあるとささやかれる。

もともと大連万達は民間企業化する際に大連市体育委員会の力を借りるなど、サッカーを通じて官僚との関係を構築してきた歴史がある。一度は遠ざかったサッカー事業だが、サッカー協会という本丸から攻め落とす戦略に出たわけだ。

さらに2015年にはスペインの名門クラブ、アトレティコ・マドリーの株式20%を取得。海外サッカーへの進出を果たした。さらにスイスのスポーツマーケティング企業インフロント・スポーツ・アンド・メディアを買収、2016年3月には国際サッカー連盟（FIFA）のトップレベルスポンサーとして契約するなどスポーツビジネスへの展開を本格化していった。また2015年に米トライアスロン運営企業ワールド・トライアスロン・コーポレーションを買収するなどサッカー以外のスポーツ分野にも積極的に進出している。

世界一の映画王に

王健林がスポーツと並んで力を入れているのが映画産業だ。万達広場の展開と同時に独自の映画館チェーンを展開していたが、2009年には製作・配給を手がける万達影視を設立した。

そして、2012年には世界第2の映画館チェーンであるAMCを26億ドル（約2070億円）で買収し、世界の映画界に中国の時代が来たことを強烈に印象づけた。2016

年7月には欧州最大の映画館チェーンであるオデオン・アンド・UCIシネマズを買収、世界最大の映画館チェーンの座に登りつめた。

2016年1月にはハリウッドの制作スタジオ、レジェンダリー・ピクチャーズを買収した。今後もハリウッドで積極的な投資を進める方針を示している。2009年の参入からわずか7年で、業界の川上から川下まで押さえる巨大映画企業へと成長したが、北米、欧州、中国と世界の主要映画マーケットを押さえている点が強みだ。

青島東方影都起工式での著名映画人の大連万達詣《もうで》の理由はここにある。今後、青島市でハリウッド映画を製作していく計画だ。「海外の俳優や監督は青島に来ざるを得なくなる。世界の映画館で作品の客足を取れる上映時間を決める権限は、万達が握る」(「巨大市場、なびくハリウッド」朝日新聞朝刊、2014年4月11日)と大連万達の関係者は豪語したという。実際、話題作『パシフィック・リム2』は青島東方影都で製作が進められている。

巨大ロボットがモンスターと戦うSF大作『パシフィック・リム』は2013年に公開された。本人もオタクだというギレルモ・デル・トロ監督のこだわりが随所にちりばめられた作品だったが、北米や日本での興行成績は思わしいものではなかった。しかし中国では大ヒットを記録し続編製作が決まった。日本アニメや特撮に対するリスペクトが詰まった作品だが、次回作では中国要素がより強められることになるだろう。

今やハリウッド大作にとって中国映画市場は見すごせない存在だ。すでに映画スクリーン数では中国が北米を上回っており、興行収入でも追い抜くのは時間の問題だ。そのためハリウッド映画では中国人俳優の起用や広告など中国への配慮が目立つようになってきた。たとえば２０１６年公開の映画『インデペンデンス・デイ　リサージェンス』では、宇宙ステーションの中で主人公が唐突に中国ブランドの牛乳を飲み出す。英語で会話する世界の中にいきなり「蒙牛純牛奶」と漢字で書かれた紙パック牛乳が大写しになるのはいかにも異様だが、映画界の現状を象徴する一シーンと言える。

一方で大連万達の映画事業にも弱みはある。映画館チェーンの運営では成功しているものの、独自の映画製作では苦戦を強いられているのだ。巨額の投資を進めるが、大ヒットした作品はない。２０１６年末にはチャン・イーモウ監督、マット・デイモン主演のファンタジー超大作『グレートウォール』を公開

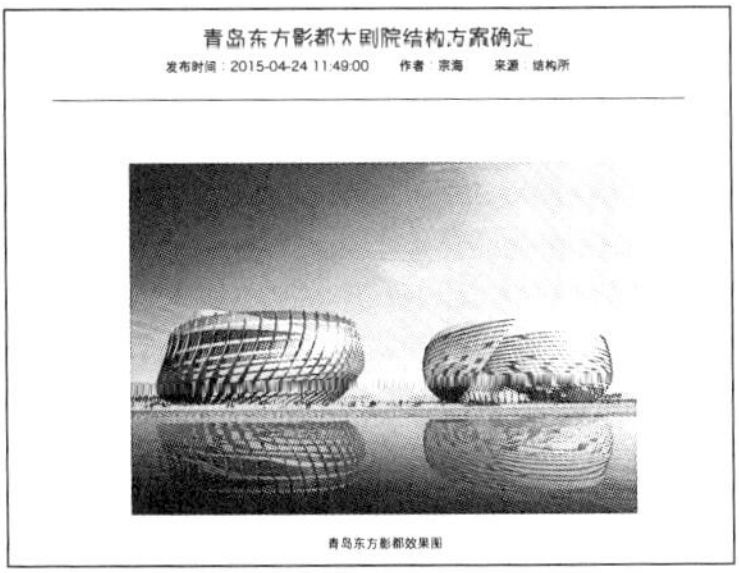

青島東方影都・大劇場完成予想図。
（出典：http://www.wanda-cti.com/2015/latest_0424/1369.html）

したが、興行収入は約12億元（約200億円）にとどまった。膨大な制作費を投じただけに採算ラインは20億元（約330億円）とも伝えられている。満足のいく結果とは言えなかったようだ。

中国の映画市場は観客の60％が90後（1990年代生まれ）という偏った市場だ。若者の感性をいかにつかむかがカギとなる。日本アニメ『君の名は。』が大ヒットしたように、中高年には理解できなくても若者の感性に突き刺さる作品が求められているのだが、この難題をクリアすることは難しいようだ。

文化産業という新戦場に賭ける

スポーツ、映画の他に大連万達が力を入れているのがレジャー施設だ。文化旅行城と呼ばれる遊園地に加え、スキー場、映画テーマパークや国際リゾートなどを中国各地に建設している。四川省でのリゾート開発では2兆円を投資するという力の入れっぷりだ。

2016年5月には江西省《こうせいしょう》 南昌市《なんしょうし》に新たな万達文化旅遊城がオープンしたが、王健林は「上海ディズニーランドが今後20年間、黒字が出ないようにする」「ディズニーは中国に来るべきではなかった」と敵対心むきだしの発言で注目を集めた。大連万達VSディズニーの結果がどうなるのかは今後を見てみなければわからないが、現時点では大連万達のレジャー事業は順調とは言いがたい。

2016年8月、大連万達が38億元（約620億円）を投資して建設した映画テーマパーク「武漢万達電影楽園」が開園わずか1年半で閉園した。平均入場者数は1日わずか200人という惨敗だった。ディズニーのような強力なIP（知的財産）を所有していないだけに集客力に欠けていた。

IPもノウハウも欠けているなかでのレジャー施設展開は困難が多いが、強力な資金力によって不足は埋め合わせることができる。レジェンダリー・ピクチャーズの買収やスポーツコンテンツ投資はその一環と言えるだろう。

王健林は若き日より常に新たな世界に身を投じ、勝利を勝ち取ってきた。大連万達創業後も住宅から総合商業施設への事業拡大に成功し、今度は映画、スポーツ、レジャーという文化消費の分野にチャレンジしようとしている。中国政府は産業構造転換を推進しており、今後は文化産業が新たな成長スポットになると熱視線を集めているが、王はいち早くその成長分野に飛び込んだわけだ。突撃する軍人企業家は新たな戦場でも覇者となるべく虎視眈々と布陣を固めている。

コラム

闇の産業集積に見る中国の無名企業家の力

2016年8月、中国公安部は犯罪の重点取り締まり対象として7地域を発表した。

ニセヤクザ恐喝の里、河北省《かほくしょう》豊寧県《ほうねいけん》。

養子募集詐欺の里、江西省余干県《よかんけん》。

コラージュ画像恐喝の里、湖南省双峰県《そうほうけん》。

ニセ政治指導者詐欺の里、広東省茂名区《もめいく》電城区《でんじょうく》。

SNS友人詐欺の里、広西チワン族自治区賓陽県《ひんようけん》。

飛行機チケット・キャンセル詐欺の里、海南省儋州市《せんしゅうし》。

ネットショッピング詐欺の里、福建省《ふっけんしょう》龍岩区《りゅうがんく》新羅区《しんらく》。

どれもこれもひどい犯罪だが、興味深いのは特定の地域や住民が、ある特定の犯罪に手を染めているという点だ。日本にもさまざまな犯罪はあるが、たとえば振り込め詐欺を主要産業とする地域、「振り込め詐欺の里」が存在するとは聞いたことがない。

中国にはこうした犯罪の里が各地に分布している。私はこうした現象を「闇の産業集積」と呼んでいる。

産業集積とは特定の産業に携わる企業群が一つの地域に集まり、産業構造を形作ることを意味する。中国においては特に産業集積が顕著で、伊藤亜聖『現代中国の産業集積 「世界の工場」とボトムアップ型経済発展』（名古屋大学出版会、2015年）は「百円ショップの里」浙江省義烏市、「照明器具の都」広東省中山市古鎮鎮などを事例に、中国の産業集積の形成過程を解き明かしている。

こうしたまっとうな産業集積とは異なり、ある地域に特定の犯罪に関連する人々、ノウハウが集中していくのが闇の産業集積だ。その中でも中国全土を驚愕させたのが「炭鉱賠償金詐欺の里」である。

2016年、中国警察は賠償金詐欺の容疑者74人を逮捕したが、うち50人あまりは雲南省《うんなんしょう》昭通《しょうつう》市《し》塩津県《えんしんけん》石笋村《せきじゅんそん》の出身だった。彼らの手法は知的障害者をたぶらかして連れだし、炭鉱労働者として働かせる。その後、事故に見せかけて殺害し、遺族を装って賠償金をゆすり取るというものだった。

知的障害者を連れ出す役、炭鉱で殺害する役、賠償金をゆすり取る役は分業されており、その多くが一つの村の出身者によって占められていたのだ。

もう一つ、事例をあげよう。中国の民間病院市場の80％は「莆田系《ほでんけい》」と呼ばれる、福建省莆田市の出身者によって起業された病院企業によって占められている。

1980年代、莆田で一人の男が行商の薬売りとして成功を収める。たどり着いた街で、壁や電柱に性病や皮膚病を治す怪しげな薬のビラを貼りまくるという広告手法が成功の秘訣だった。近隣の住民たちもその成功をまねて次々と行商を始める。やがて莆田の人々は行商から診療所の運営へと姿を変え、今では近代的な大病院を経営するまでにいたっている。

一方で詐欺まがいの手法もいまだに継承されて

いる。それが問題となったのは2016年の魏則《ぎそく》西《せい》事件だった。中国の大手検索サイト・百度でガンなどの病気について調べると、検索結果の上位は広告料を支払った怪しげな広告ばかりで埋め尽くされる。出稿元は莆田系だ。NASAの最新技術でガンが治る、日本の新技術が難病に効果といった文言が並ぶ。一縷の望みを託して、怪しげな治療を申し込む人が少なくない。滑膜肉腫という難病にかかった大学生、魏西則さんもその一人だった。

死の直前、魏さんはネット掲示板に自らの体験を投稿した。「莆田系の病院で受けた治療は、米国の臨床試験で有効性が確認されず実用化されなかった技術だったことがわかった。病人を食い物にする詐欺だったのだ」と告発している。

さて、本書の中でこうした犯罪事件を取り上げるのは筋違いと思われるかもしれないが、産業集積は英雄的起業家とは別の中国経済の強さを示す事象であると考える。

ある地域で特定の分野に関する産業集積が始まると、それは雪だるま式に拡大していく。特に中国人は地縁ネットワークが強く、ビジネスに関するノウハウも惜しみなく共有するケースが少なくない。その結果として犯罪のノウハウまでも共有され、またさまざまな工程の分業化が進むというわけだ。

犯罪かどうかにかかわらず、中国には無数の産業集積の里が存在し、無名の中小企業、個人事業主の群体として中国経済に貢献している。

第6章 世界一カオスなECは“安心”から生まれた

「今日は残酷だ。明日はより残酷だ。明後日は美しいが、ほとんどの企業は明日の夜には死んでいる。」

——劉淑霞『馬雲傳』ハルビン出版社、2012年

Imaginechina／時事通信フォト

馬《ば》雲《うん》

Ma Yun

“安心”を武器に最強ECサイト・阿里巴巴（アリババ）を生み出した元教師

馬雲

年表

1964年	0歳	10月15日、浙江省杭州市で生まれる。
1978年	14歳	改革開放政策が始まる。
1979年	15歳	米中国交正常化。
1984年	20歳	国有企業改革により、中国に初の株式会社が誕生。
		二浪の末に杭州師範学院（現・杭州師範大学）に合格。
1986年	22歳	日本のバブル景気はじまる。1991年に崩壊。
1988年	24歳	大学を卒業。杭州電子科技大学の教員に。
1989年	25歳	天安門事件。
1992年	28歳	南巡講話。社会主義市場経済路線が確立。
		大学教員の傍ら翻訳会社「海博翻訳社」を創業。
1994年	30歳	外資の中国市場参入規制を緩和。
1995年	31歳	中国初の商業サイト「中国黄頁」を創業。
1997年	33歳	対外貿易経済協力部・中国国際電子商取引センターの情報部長に就任。
1999年	35歳	アリババを創業。
2000年	36歳	ソフトバンクの融資を獲得。
		ドットコムバブル。
2001年	37歳	中国がWTOに加盟。
2002年	38歳	胡錦濤体制が成立。
2003年	39歳	C2Cサービス「タオバオ」、第三者ネット決済サービス「アリペイ」を開始。
2005年	41歳	ヤフー中国を買収。
2006年	42歳	オーディション番組『中国で勝つ』の審査員として出演。
2008年	44歳	リーマン・ショック。
2009年	45歳	日中のGDPが逆転。
		「双十一」セールを開始。
2011年	47歳	B2Cプラットフォーム「T Mall」を開始（当初の名称は「タオバオ商城」）。
2012年	48歳	習近平体制が成立。
2014年	50歳	ニューヨーク証券取引所に上場。
		サッカークラブに出資、名称は「広州恒大タオバオクラブ」。
2015年	51歳	日本を訪れる中国人観光客が増加。「爆買い」が流行語大賞に。

阿里巴巴（アリババ）集団、そして創業者である馬雲（ジャック・マー）は日本で一番有名な中国企業、中国人企業家ではないだろうか。ソフトバンクの孫正義との関係はもはや伝説として伝えられているほか、毎年11月11日に開催される世界最大のネットバーゲンセール「双十一」の狂騒はテレビニュースで毎年報じられる風物詩となった。

１９９９年の創業から20年足らずで世界的なＩＴ企業を作り上げた馬雲だが、物静かな印象を与える立ち居振る舞いによって賢人のイメージが漂う。だがその印象と彼の個性は正反対だ。ケンカっ早いガキ大将、勉強嫌いの落ちこぼれ……失敗続きの起業家が、いかにしてこれほどの成功を収めたのだろうか。馬雲の歩みを追ってみよう。

勉強嫌いのガキ大将

馬雲は1964年10月、浙江省杭州市で生まれる。兄一人、妹一人の3人兄弟だ。父・馬来法《ばらいほう》は杭州撮影図片社のカメラマンだったが、民間演芸にのめりこみ、作家・演者として評判だった。後に浙江省曲芸（日本の浪曲・講談に似た大衆演芸）家協会主席に就任している。母親も琵琶の名手で評弾（浙江省、江蘇省一帯の大衆演芸で語りと歌から構成される）の名手として知られていた。

両親は勉強好きに育てようとしたが、まったく逆の子どもに育った。子どものころ好きな本といえば金庸《きんよう》の武俠《ぶきょう》小説。腕一つで江湖（世界）をわたり歩く英雄たちの活躍に胸を躍らせていた。まさか自分も武俠になるつもりはなかっただろうが、ケンカっ早く、常に兄貴分として活躍する暴れん坊だった。

小学4年生では友人を助けるべく大ゲンカに加わり大活躍したが、骨が見えるほどの怪我を負ったこともある。この武勇伝で周囲から一目置かれる存在になったという。また、ケンカが原因で学校を転校しなければならなくなったこともあった。今と変わらず背も低く痩せぎすの少年だったが、度胸は誰にも負けなかった。友人たちから頼られる兄貴分だった。

一方で成績は悪く小学校から高校時代まで常に平均点以下だった。そんな馬雲だが英語だけはべらぼうにうまかった。英語上達のエピソードもユニークだ。

中学時代の地理の女教師は大変な美人だった。いわゆる学校のマドンナである。その先生が授業で伝えた話が馬の運命を変えた。杭州市の有名な観光地である西湖で先生は外国人に話しかけられたので英語で歴史を伝えた。皆さんも中国人の恥とならないよう地理を勉強して下さいと生徒たちに伝えたのだ。

これを聞いて馬雲は国の恥にならないようにしなくてはと熱い思いがわいてきた。だがそこで素直に地理を勉強しなかったのがひねくれものたるゆえんだ。いくら地理を勉強しても、英語ができなければ外国人に伝えることはできないではないか。まずは英語だと勉強に励んだ。

その勉強手法も面白い。ボイスオブアメリカやBBCなどの英語ラジオを徹底的に聞きまくったというまではごく普通だが、英語がある程度話せるようになると、本ではなく実戦で腕を磨こうと決めた。自宅から自転車で40分も離れている外国人が多いホテルまで出かけていっては、外国人に話しかけまくったという。

杭州市は「人間天堂」(地上の天国)と異名を取る風光明媚《ふうこうめいび》な観光地だ。多くの外国人が訪れる。練習相手には事欠かなかった。この武者修行を馬雲は7年間続けたという。猛特訓を重ねた馬雲の英語はめきめきと上達し、外国生まれの華僑だと誤解されるほどになった。ただし他の教科については落第生のまま。特に数学は壊滅的な状態で、後に世界的IT企業のトップになるとはこの時誰も予想できなかっただろう。

「永不放棄」と『燃えろアタック』

1982年、高校を卒業した馬雲は大学入試に挑む。両親は息子に期待していたが、問題は苦手科目の数学だ。案の定、わずか1点という惨憺《さんたん》たる結果に終わった。これにはさすがの馬雲もがっかりし、もう大学はあきらめよう、パートタイムの仕事で食いつないでいくしかないと落胆したのだった。

英語も使えるしホテルででも働くかと、馬雲は採用面接を受けるが、「背が低くて不細工だから」との理由でまさかの不合格に。一緒に就職面接を受けようと誘った従兄弟は合格したというからさぞや惨めな思いをしたのではないか。

父のコネで、ようやく三輪自転車で本を運ぶ仕事を得た。きつい仕事だが、馬雲は文句も言わずに黙々とこなしたという。そんなある日、人生を変える本と出会う。著名作家・

路遥《ろよう》の『人生』という小説だ。理想を追い求める青年が幾多の困難に遭遇し挫折を繰り返すという内容だ。「人生に困難はつきものだが、それでも進み続けることが重要だ」と、馬雲は深い感銘を受けた。こうして「数学1点」の失敗から立ち直り、再び受験に挑んだのだった。

ところが1983年の二度目の大学入試でも数学の成績は19点しか取れなかった。もちろんこれでは入れる大学などない。だが、それでも馬雲はへこまなかった。『人生』に続き、再び馬雲を前に進ましてくれた作品があったためだ。

それが中国で視聴率80%という記録的大ヒットを飛ばした、日本のスポ根ドラマ『燃えろアタック』だった。バレーボールで五輪出場を目指し、ひたむきに努力するヒロイン、小鹿ジュン（荒木由美子）の姿が、馬雲の心に火を着けた。ちなみに馬雲の座右の銘として「**永不放棄**」（**絶対にあきらめない**）という言葉が知られている。実は『燃えろアタック』に影響されて座右の銘にしたのだとか。日本のスポ根ドラマが馬雲の人格形成に大きな影響を与えていたわけだ。

1984年、20歳の馬雲は三度目の大学入試に挑む。勉

馬雲の人生に大きな影響を与えた『人生』。

強嫌いの馬雲も必死に数学を勉強したが、それでも成績は平均以下だ。合格は難しいかと思われたが、奇跡が起きた。一夜漬けで10個の数学の公式を暗記したのだが、山が当たってすべて出題されたのだ。

大の苦手の数学で89点という好成績をあげることができた。全体でも過去最高の成績となった……のだが、それでも大学合格には5点足りない。しぶしぶ杭州師範大学の専科（短大に相当）に入学しようとした時、再び奇跡が起きた。同大の英語専攻で欠員が出たことによって、英語の成績が優秀な専科合格者を本科（4年制大学）に転属させることになったのだ。武者修行で鍛え上げていた馬雲は英語の成績だけは抜群だ。かくして落ちこぼれの劣等生は受験3年目にして奇跡的に大学に合格したのだった。

初の起業

入学後、馬雲は学生会活動に没頭する。大学3年で杭州師範大学学生会主席、杭州市学生会連合会主席に就任すると、自転車で街中をかけめぐって活動をとりまとめた。

1988年、大学を卒業すると、馬雲は杭州電子工業学院に英語教師として就職する。また大学時代から交際していた張瑛《ちょうえい》と結婚した。教師になった後も、持ち前の兄貴肌はいかんなく発揮され、杭州市で初めてとなる英語勉強会、英語角（英語コーナー）を主催した。積極的な活動が評価され、杭州市十大傑出青年教師にも選出されている。またガイドや予備校教師など副業にも励んでいたという。

教師として順風満帆のキャリアを歩んでいた馬雲だが、新たなチャレンジを決意していた。教師ではなくビジネスの世界に飛び込もうと考えていたのだ。教師の仕事は性に合っていたが、国中がニュービジネスに沸く中でずっと学校に残っていても生徒たちには何も教えられなくなってしまう。自分自身でビジネスの世界を経験することが重要だと考えた。

もっとも最初から起業を考えていたわけではない。まずは会社で働こうといくつかの会社の中途採用試験に応募したが、いずれも失敗してしまう。優秀な教師となった後も、受験ベタは治らなかったようだ。

雇ってくれる企業がないなら、自分で会社を作るしかない。そう考えた馬雲は1992年に起業する。英語教師という地位を生かした翻訳会社、海博《かいはく》翻訳社である。大学教師はやめず、二足のわらじでの起業となった。退職した教師を翻訳スタッフとして雇用する形態で会社は始まったが、最初のうちはオフィスの家賃すら払えないありさまだったという。

会社を守るため、馬雲は「100円ショップの里」として知られる浙江省義烏市の卸売市場から衣料品や小物、生花を仕入れては転売して金を稼いだ。仕方なくやった副業だが、この経験が零細ネットショップの集合体という阿里巴巴に存分に生かされているのだろう。海博翻訳社の経営はやがて好転し、今では杭州市最大の翻訳会社となっている。

1995年、馬雲の人生に転機が訪れる。それが米国出張だ。杭州市政府はある米国の投資会社と高速道路建設に関する投資契約を結んだが、その後一向に資金は振り込まれない。そこで催促してきて欲しいと頼みこまれたのだ。馬は市政府職員ではなかったが、英語ができるという一点だけで派遣されることとなった。

ところが相手は根っからの詐欺師で、投資するつもりなど毛頭なかった。金を払わないばかりか、馬雲にまで詐欺に加わるよう迫り、拒否すると軟禁した。言葉巧みにごまかし、どうにか脱出することに成功したが、荷物も持ち出せないほどの慌ただしい逃避行となった。

ミッションには失敗したが、このまま素直に帰るのも悔しいと、馬はアメリカの会社を見学してみようと思い立った。同僚の親戚が働いているという理由で、偶然立ち寄ったのがインターネットプロバイダーのVBN社である。

ここで馬雲はインターネットを初めて目にする。試しに海博翻訳社のウェブサイトを作ってもらったところ、半日後には5通もの問い合わせメールが届いていた。この衝撃的な経験によって馬雲はそれまでまったく未知だったネット業界に身を投じることを決意する。

チャイナ・イエローページの誕生と挫折

1995年5月、中国初の商用サイト・中国黄頁（チャイナ・イエローページ）がオープンする。なんと中国で正式にインターネットサービスがスタートするよりも3カ月も早い。

中国黄頁の事業内容はウェブサイトの作成である。クライアントとなる中国企業の情報を馬雲たちが翻訳し、米国のVBN社に郵送（！）。あとは向こうがウェブサイトを作成するという仕組みだった。

事業開始当初、大きな悩みとなったのは中国国内には、まだインターネットが導入されていなかったことだ。ウェブサイトの公開自体はアメリカの企業が行っているが、そのサイトを中国のクライアントに見せることができない。仕方なく印刷したサイトを見せて確認を取っていたのだが、「本当に困特網（インターネット）に載っているのか?!　たんに紙で印刷しただけじゃないのか?」と疑われ、詐欺師扱いされることもしばしばだった。

今の時代からは信じられないようなアナログなやり方だが、なにせ中国企業に関するウェブサイトが存在しなかった時代だ。物珍しさもあって中国黄項でウェブサイトを作った企業は相当量の問い合わせを受け、上々の結果を残した。

こうして事業は成長軌道に乗っていく。馬雲はいつまでも米国企業に頼っているわけにはいかないと、創業翌年には自社サーバーを立ち上げ、サイト作りを内製化した。さらに事業を拡大するべく、馬雲は会社を北京に移した。教師も辞職し、会社経営に専念することになる。

馬雲にとって北京はまったく見知らぬ土地だ。広大な中国は一つの国というよりも、大陸と呼ぶのが妥当だろう。杭州から北京への移動は会社を海外に移転させるようなものである。しかも中国人は他地域の人間を「外地人」と呼び、なかなか打ち解けようとしない。見知らぬ土地でのビジネスには高いハードルがあった。

しかし、子ども時代から兄貴肌で友人作りがうまかった馬にとってはさほどの苦労は感じなかったようだ。知人を通じて中国貿易報の副総編集長と知り合い意気投合。同紙にインターネットの可能性を宣伝する記事を掲載してもらった。また人民日報の総編集長の知遇を得て、馬の講演を掲載してもらったほか、同紙のサイト作成も請け負った。

中国中央電視台の人気番組『東方時空』では「書生馬雲」と題した特集が報じられた。

まだまだ小さなベンチャー企業である中国黄頁の経営者がこれほどの注目を集めたのは、馬雲の個人的魅力によるところが大きい。馬は北京市のメディア関係者をとりこにし、自らの知名度を飛躍的に高めたのだった。

しかし中国黄頁の経営はやがて壁にぶち当たる。それは奇しくもインターネットがブームになったためであった。１９９５年はマイクロソフト社のＯＳ「ウインドウズ95」が発売され、世界的なインターネット・ブームが到来した年だ。

時代の波に乗って、ウェブサイト製作を手がける企業が続々と登場するなか、資本でも技術でも他社に優る武器はない中国黄頁は苦戦する。状況を打開しようと、馬雲は１９９６年３月に杭州電信子会社との合併を決断する。

杭州電信は18億５０００万ドルを投資し、合併後の株式の70％を保有。馬雲は30％を保有することが決まった。相手が支配株主になったとはいえ、大手国有企業との合併に馬雲は喜び勇んでいたが、まもなく選択は失敗だったことに気がつく。すべては杭州電信の意向によって決められてしまうのだ。これでは自分のやりたい経営はできないと、馬は自ら立ち上げた中国黄頁から去ったのだった。

三度目の正直、三度目の起業

翌1997年12月には中国政府の省庁、対外貿易経済協力部の旗下にある中国国際電子商取引センターの情報部長に就任した。省庁や大手国有企業、国家的イベントのウェブサイト制作が任務だ。この時に手がけたサイトの一つ、中国誠商網がある。政府構築のB2Bプラットフォーム（企業間取引の仲介サイト）である。このサイト作りによってEC事業の経験を積み、阿里巴巴創業へとつながっていく。

中国国際電子商取引センターで馬雲は誰もが認める実績を残したが、本人は不満を感じていた。民間企業、中小企業にこそ電子商取引が必要だと考えていたが、お役所体質が強い中国国際電子商取引センターは省庁や大企業のためのサイトを作るための組織だったからだ。また雇われ幹部ではなく、自らが自由に判断出来る企業家になりたいという夢が再びふくらんでいた。結局、就任からほぼ1年で中国国際電子商取引センターの職を辞すこととなった。

1999年1月、中国国際電子商取引センターを辞職した馬雲は故郷・杭州市に帰る。同僚や自分の学生などを中心に16人を自宅に招き、民間企業向けのB2B電子商取引企業を設立したいとの構想を明かした。

この会議の一部始終は録画されている。**「革命をもたらそう」「うろたえるな！　私が号令を下したら、大刀を持って一緒に突進してくれ！」**と、熱く語る馬雲の姿が残されている。コミュニケーションの鬼、馬雲の真価が凝縮されている映像だ。

こうして阿里巴巴が創設された。オフィスは馬雲の自宅、50万元（約690万円）の資本金は参加者のポケットマネーを集めて捻出した。会議に招かれた16人に馬雲夫妻を含めた18人は「十八羅《ら》漢《かん》」と呼ばれる創業メンバーとなった。

阿里巴巴の業務は企業が商品をインターネット上に公開し、サイト上で販売できるようにするというECサービスだ。そのためにまず手がけたのは中小企業の販売ページ作りだった。現在ではユーザー自身が簡単に作ることができるが、創業初期は一つずつ手作りしていた。なにせ資金がないので宣伝ができない。ネット掲示板に地道に書き込みを続けることだけが唯一の宣伝手段だったという。1年前までは潤沢な資金を得て、政府肝いりの大企業サイトを作っていたとは思えない。大きな後退に見えたが、ここから伝説が始まった。

早期的阿里巴巴团队于马云公寓内工作

馬雲とアリババの創業メンバーたち。

（出典：http://www.alibabagroup.com/cn/about/history）

孫正義との出会い

創設から9カ月後、まだ海のものとも山のものともつかぬ阿里巴巴はゴールドマンサックス、インベスターABなどから500万ドル（約5億7000万円）のベンチャー投資を獲得した。その原動力となったのは台湾系カナダ人の蔡崇信《さいすうしん》の加入だった。中国黄頁をのっとられるという失敗を経験しただけに、馬は投資受け入れに慎重だった。阿里巴巴の自主性を尊重し、長期的に成長を見守ってくれる投資元を探していたのだ。

そうした中で出会ったのが蔡だった。インベスターABベンチャーキャピタル部門アジア部のトップだった蔡は5月に馬と会談した。融資こそまとまらなかったが、馬の個人的な魅力にひきつけられた彼は阿里巴巴が大きく成長すると確信。年収100万ドル（約1億1500万円）を捨てて、月にわずか500元（約6900円）と出稼ぎ労働者並みの給料しか出せない阿里巴巴に身を投じることを決めたのだった。創業まもなくの零細企業が、世界レベルの財務のプロを迎え入れられたことは僥倖と言うほかない。

10月、馬と蔡はサンフランシスコに向かった。投資家を探すためだ。理想の提携先はなかなか見つからなかったが、そんな時、蔡がゴールドマンサックスに勤める知人と出会い、トントン拍子で融資が決まった。ゴールドマンサックス、インベスターABなどから計500万ドルの出資を受けたのだ。世界的な投資銀行が融資することを決めたことで、阿里巴巴の信頼は一気に高まった。

同じく1999年10月には阿里巴巴の発展を決定づける重要な出会いがあった。ソフトバンクの孫正義だ。

会議が始まると、孫は「阿里巴巴について話して下さい」と促した。そこで馬が将来のビジョンについて話し始めた。6分ほど話した時のことだ。孫はずっと馬のもとに近づいた。そして、4000万ドル（約45億6000万円）を出資しようと切り出したのだった。「阿里巴巴本社の調査などもなく、**たった6分で大金を獲得した**」、これが馬雲と孫正義の6分間の伝説だ。

最終的にソフトバンクの保有株比率があまりに多くなりすぎることを嫌った阿里巴巴側の要請によって孫の出資額は2000万ドル（約23億円）にまで削られたが、阿里巴巴とソフトバンクは深い関係を構築する。融資は2000年1月に実行されたが、まさにこの年、ドットコムバブルが崩壊し、IT企業の多くは資金繰りに窮することになる。バブル崩壊直前という最高のタイミングで、阿里巴巴は重要な資金と得がたいパートナーを獲得したのだった。

中国回帰の決断

2回の融資で2500万ドル（約28億5000万円）を獲得した阿里巴巴は猛烈な勢いで事業拡大に着手する。シリコンバレーに研究開発センターを設立したほか、北京市にオフィスを開設。さらには日本、台湾、韓国に合資会社を設立。そして本部を香港に移転した。マンションの一室で細々とサイト作りをしていた零細企業がまたたく間にグローバル企業に変貌しようと意気込んだわけだ。

阿里巴巴は中国のインターネットを通じて、中国企業の商品を海外で販売することを考えていた。そのためには当初から大々的に海外展開を行う必要があると考えたのだ。

だが、この判断は大間違いだった。シリコンバレーでは約30人のエンジニアを雇ったが、米国のエンジニアはともかく人件費が高い。どんなに少なくとも年俸は10万ドル（約1140万円）以上は必要だ。米国のエンジニアに支払う給与は、杭州の中国人社員200人の人件費を上回る金額だった。他の海外オフィスも米国ほどではないにせよ、金食い虫である。2500万ドルという潤沢な資金は見る見るうちに減っていった。

2000年秋には資金は700万ドル（約7億5000万円）にまで減っていた。財務担当の蔡崇信は「**このままではあと半年持つかわからない**」と馬に非情な宣告をしたという。「君子豹変す」ということわざがある。蔡の言葉で馬は方向転換を決断した。シリコンバレーのエンジニアは全員解雇、韓国オフィスを閉鎖、本部は香港から杭州に戻すという荒療治を行った。この決断を馬は「**中国回帰**」と呼んでいる。

いきなりの世界展開ではなく、まずは中国市場での成長に注力すること、そしてB2Bだけではなく、一般消費者向けの販売であるB2C分野への進出を決断したのだった。失敗は失敗だが、致命傷となる前の柔軟な方向転換で阿里巴巴は生き延びることに成功する。2001年12月、阿里巴巴の会員数は100万人を突破。月次決算で初めて黒字を記録した。

信頼を金に変える

黒字化の原動力となったのは「中国供応商」「誠信通」という2つの有料サービスだった。前者は輸出志向の中国企業向けのサービスで、4万元（約59万円）の普通会員、6万元（約88万円）の高級会員があった。加入すると阿里巴巴の検索結果で上位に表示されるほか、国際展示会での製品紹介といったサポートも受けられる。

「誠信通」は国内市場向けのサービスで会費2300元（約3万4000円）と安価なサービスだったが、阿里巴巴の審査が行われ、製品購入者による評価が表示されるという仕組みで、会員企業の信頼性を担保する役割を果たした。

後述するが、ECではニセモノをはじめとする詐欺や品質が最大の課題だ。**いかにして信頼を獲得するかが成功の鍵を握る**。今でこそ当たり前の仕組みだが、2001年の段階で阿里巴巴はこの事実に気がつき、利益の源泉とすることに成功したのだった。

さらに2002年後半から翌年にかけて香港及び中国南部に流行したSARS（重症急性呼吸器症候群）もネットショッピング普及の追い風になったとされる。人が集まる場所にでかけたくないとの理由から阿里巴巴のユーザーが一気に増えたのだった。

黒船eBayとの戦い

かくして軌道に乗った阿里巴巴だが、最大の試練が待ち構えていた。米国発のECの巨頭eBayとの戦いである。

阿里巴巴はB2B、eBayはC2Cと一見ジャンルが異なっているように見えたが、孫正義は2002年末、両者の事業分野は同じだとして決戦に備えるよう促したという。この予言は翌年現実のものとなるが、孫の忠告によって阿里巴巴は約半年早い準備期間を与えられたのだった。

ベンチャー投資受け入れにあたり、馬雲は金だけではなく事業をサポートしてくれるパートナーを探したいと話していたが、その意味で孫とのタッグは理想的なものだったのかもしれない。

馬雲はeBayの領域であるC2Cに先手を打って進出することが勝利の道だと直感した。こうしてリリースされたのが淘宝（タオバオ）だ。個人でも簡単にネットショップをオープンできるという画期的なサービスである。サービス開始は2003年5月。その2カ月前にはeBayは中国のECサイト易趣網の株式を一部取得（その後完全買収）、中国進出を果たしていた。

eBayは1995年の創業。ネットオークション仲介企業として成長を続け、1998年にはナスダック上場を果たしている。2003年時点で時価総額は100億ドル（約1兆1600億円）に達する巨大企業に成長していた。この巨人に阿里巴巴は敢然と立ち向かっていく。

戦いは激烈なものとなった。大手ポータルサイトはすべてeBayの広告が掲載されていた。出稿条件にはライバル企業の広告は掲載しないとの取り決めがあったため、阿里巴巴は大手ポータルサイトでは広告を打つことができなかった。ならばゲリラ戦で対抗だと、阿里巴巴は中小サイトや個人サイトでの広告で反撃した。

eBayのメグ・ホイットマンCEOは「中国のECをめぐる競争は18カ月以内に終息するだろう」と余裕を見せていたが、予測とは裏腹に戦いは3年にわたり続いた。しかも毛沢東率いる共産党が武力と資金に優る国民党を逆転したように、ゲリラ戦を行う淘宝が徐々に差を詰め、逆転していったのだった。２００６年、ユーザー数で淘宝は易趣網を逆転。同年末にeBayは易趣網の一部株式を中国ＩＴ企業ＴＯＭ（Telecomoperationmap）に売却。戦いは終わりを告げた。

淘宝が勝利を収めた理由はどこにあったのか。「**費用**」「**決済**」「**信頼**」の3点が鍵となった。まず費用だが、eBayは出品料と売買手数料をとっていたが、淘宝はサービス開始から3年間、出店者からも購入者からも費用を取らないと約束した。この無料期間は後にさらに延長されることになる。ユーザー数の拡大によってプラットフォームとしての価値を高め、掲載する広告料や付随するサービスで収益をあげるという作戦をとったのだ。

また決済についてだが、2004年に支付宝（アリペイ）という独自サービスを開始する。eBayが傘下に持つ決済サービスPayPal（ペイパル）をモデルに作られたものではあるが、クレジットカードが普及していない中国の実情に合わせて銀行口座と紐付けされた決済システムとしてスタートした。

ネット取引という、多くの人にとって未知のサービスを普及させるためにはなによりも信頼性が不可欠だ。ましてや誰でも簡単に出品できるC2Cサイトでは詐欺にひっかからないようにしなければならない。阿里巴巴は支付宝が原因での詐欺被害には全額補償するという制度をいち早く導入した。

また大ヒット映画『天下無賊』（邦題は『イノセントワールド』）とパブリシティ契約を交わし、「**支付宝を使えば天下無賊（世界に悪者はいない）**」との宣伝を展開した。他にもネットショップとチャットで相談できるツールやユーザーによるネットショップ評価の仕組みを構築し、利便性を高めていった。

後手に回ったeBayも類似のサービスを導入して追随しようとしたが、常に先手先手でしかける馬雲に対して後手に回ったことは否めない。杭州のガキ大将は世界的巨人を翻弄し続け、ついには勝利を収めたのだった。

阿里巴巴の成長

最強の敵を相手に勝利を収めた阿里巴巴はその後、次々と事業を拡大していく。2005年にヤフー中国を買収するも、再生に失敗するという大きなミスはあったが、それでも中国を代表するIT企業への道が失われることはなかった。

2009年からは「**双十一セール**」を実施する。中国では11月11日を「光棍節」と呼ぶ。数字の「1」を樹皮が剝かれた棍棒に見立て、子孫を残すことができないかわいそうな木という意味から転じて、恋人のいない独り身の記念日とされた。民間発のイベントだが、ネットでは年々注目度が高まっていた。この盛り上がりをセールに生かそうと考えたわけだ。

2016 年の双十一セールの取引額は 1200 億元を突破した。
（出典：http://tech.sina.com.cn/i/2016-11-12/doc-ifxxsmic6065504.shtml）

2009年のスタート時点では一部店舗が参加するにすぎなかったが、お祭り好きの中国人はこうしたイベントに弱い。注目度が上がり、参加企業が増え、するとまた注目され……と好循環を繰り返し、2016年には1207億元（約2兆円）という凄まじい売り上げを記録している。今や世界最大のネットバーゲンセールだ。

2012年には新たなECプラットフォーム「天猫」(Tモール)がオープンした。誰でも出店できる淘宝とは違い、審査を通過し出店料を支払う必要がある。有名ブランド、大手ショップばかりが集まるプラットフォームとして、より信頼性の高いサービスとして好評を得ている。

政策の穴を突いた余額宝

2013年には支付宝の関連サービスとして余額宝が登場した。もともとネットショッピング用の決済サービスとして登場した支付宝だが、アカウントの残金を余額宝に預け入れると、銀行預金のように利子がつく。その利回りは金融商品並みの高さで、しかもネットショッピングなどで必要な場合にはすぐに引き出すこともできるという優れ物だ。

なぜ、阿里巴巴は銀行以上の条件を提示することができたのか。それを理解するためには中国の銀行保護政策を知る必要がある。銀行は政策によって手厚い保護を受けている。預金の利子は物価上昇率を下回っているため、「**銀行にお金を預けていると実質目減りしてしまう**」というなんともせつない状況がある。

中国人は投資好きと言われるが、運用しなければ資産が目減りしてしまうのだから仕方がない。さらにさまざまな名目で手数料が取られるため、預けたお金が額面で目減りすることすらありえる。デフレが続く日本では下手をすればタンス預金ですら実質価値が上がってしまうことを考えると、両国の状況がまったく違うことは明らかだ。

余額宝はそうした金融の閉塞状況にケンカを売るサービスだった。高利回りなのに絶対安全をうたっていたが、それもそのはず。余額宝で集めた金は銀行に貸し付けていたのだ。資金が必要な銀行に対し、高利回りで貸し出して利益を得る。相手が銀行ならば返済不能となる心配もほとんどないという仕組みだ。

今まで庶民からむしりとる強者だった銀行に一泡吹かせることができるこの仕組みは、圧倒的な利便性もあいまって絶大な支持を受けた。現在では当局の規制によりこのスキームは使えなくなり余額宝の利回りも低下しているが、銀行口座よりは便利だと支持するユーザーも多い。

ネット決済が個人の信用を測定する

支付宝は阿里巴巴だけではなく、公共料金の支払いや一般商店での買い物、個人間送金にいたるまでさまざまな分野にサービスを拡大してきた。2017年2月からは日本のコンビニ「ローソン」の全店舗で導入されるなど海外での利用も拡大している。これにより阿里巴巴は莫大な取引記録をビッグデータとして収集することに成功している。

このビッグデータをもとに個人の信用を測定しようとするサービスが「芝麻信用」だ。クレジットカードの使用履歴をもとに個人の経済的信用を測定するクレジットヒストリーのネット決済サービス版である。

2015年1月に始まったサービスでいまだに試運転中という印象だが、芝麻信用の点数が高いとレンタカーやレンタサイクルの補償金が不要になったり、一部銀行の融資審査が不要となるなどの特典が得られる。先進国でクレジットカードが占めている地位を中国では支付宝などの決済サービスが獲得しつつあるわけだが、阿里巴巴は競合企業の中でもトップランナーの地位を占めている。

中国IT業界の覇権争い

2014年9月、阿里巴巴はニューヨーク証券取引所で

写真は2017年2月、東京のローソン。全店舗で支付宝（アリペイ）が導入された。（筆者撮影）

の上場を果たす。時価総額2300億ドル（約24兆4000億円）もの評価を受け、250億ドル（約2兆6300億円）と史上最大の資金調達に成功した。中国を代表するIT企業としての地位を築いたが、まだライバルは残っている。それが騰訊（テンセント）だ。

検索サイトから出発した「百度」、ゲームとチャットツールが中心の「騰訊」、ECの「阿里巴巴」、この3社は中国語発音の頭文字を取ってBATと呼ばれる中国IT業界に君臨する巨人となった。最近では百度の勢いが減速するなか、阿里巴巴と騰訊の一騎打ちの様相を呈している。もともとの地盤は異なっているが、事業を拡大するなかでお互いが保有する分野が競合し、対決は不可避となりつつある。

IT企業における次の戦いのステージはAIとビッグデータと見られている。AIによってビッグデータを処理することで新たな価値と産業が生まれると期待されているのだ。そのためにはどれだけ多くのデータを握れるかがカギとなるだけに、ユーザーとの接点を持つサービスにはどちらも積極的に進出、展開を続けている。

どちらが勝利するのか、まだ先は見えない。しかし馬雲が目指す3世紀にわたり存続する企業（1999年の創業から2101年まで）という目標を達成するためには避けては通れない戦いだ。

コラム

外圧による改革ブースト、WTO加盟が中国にもたらしたもの

環太平洋連携協定（TPP）は「日米が協調して新たな時代の経済・貿易ルールを構築し、中国を牽制する狙いがある」という狙いを持つ。となると、中国国内の意見は反発一色と思われるかもしれないが、実はTPPを歓迎し、中国も加入するべきだとの意見もあった。経済誌『財新』の編集長にして、市場経済・民営化・自由貿易路線を主張する経済右派を代表する論客、胡舒立氏は「WTOと同じ態度でTPPに向き合おう」と題したコラムを発表している（『財新』2011年第45号）。その一節を引用しよう。

「TPPのルールは中国が確定した改革の方向と高度に一致している。中国に再び「開放によって改革を促す」という貴重なチャンスを与えるものだ。中国は自国の利益を最大化するという原則に基づき、妥当な手順を踏みつつTPP交渉に臨むべきだ。かつてのWTOと同じようにである。」

多国間自由貿易協定（FTA）であるTPPに加入すれば、域内での関税率が下がり、また統一的な経済ルールに則ることで輸出増加が期待できる。だが胡氏は輸出拡大以上に中国国内の改革促進の起爆剤になると期待を寄せたわけだ。その成功例がWTO加盟だった。

世界貿易機関（WTO）とは1995年に発足した、自由貿易促進を目的とする国際機関だ。加盟国は貿易に関する多くの規定を遵守する義務を負

う。貿易拡大を目指す中国にとっては加盟は悲願であり、2001年当時は北京五輪招致決定と同等かそれ以上の慶事として祝われたほどだ。加盟後、中国の貿易額、経済成長率は大きく向上した。また日中貿易が急成長するなど世界経済にも好影響を与えている。

悲願であるWTO加盟のため、という錦の御旗により、中国は外資投資規制の緩和や物価統制の撤廃などさまざまな改革を実行した。日本でも米国の要求に応じて……という外圧を利用した改革の事例は少なくないが、中国も同様に「WTOに加盟するためには必要なのだ」との大義名分を得て抵抗勢力の反論を封じ、一気に改革を進めた。その結果、規制に守られていた中国企業は厳しい競争にさらされ、国有企業よりも競争力の高い民間企業が成長。「国退民進」（国有企業の縮小と民間企業の躍進）と呼ばれる成長、構造改革を実現した。

しかし2000年代後半になると、逆に国有企業が強さを発揮し、「国進民退」と呼ばれる逆転現象が起きた。習近平政権が誕生した後は、李克強首相の旗振りの下、上海自由貿易経済区の設立などさらなる規制緩和、国有企業が独占していたインフラ事業への民間投資促進などがぶち上げられたが、大きな成果は残せていない。さまざまな抵抗勢力が存在するなか、改革には動力が必要となる。その成功例がWTOであり、TPPにも経済右派からは同種の期待がかけられていたわけだ。

トランプ大統領の誕生によってTPPは頓挫したといっても過言ではない。胡氏の夢もはかなく破れてしまったわけだ。もっとも中国がさらなる成長を続けるためには継続的な改革は必要不可欠だが、習近平総書記は経済改革よりも反汚職キャンペーンなど政治問題に執着している。新たな大義名分を見つけることはできるのだろうか。

第7章

世界中のコンテンツが集まる中国動画戦国時代

Ramin Talaie

「人生は選択に満ちている。問題は取捨選択にロジックがあるかだ。冬はますます厳しくなり、リソースは減り、経済は悪化する。取捨選択の重要性はますます重要になっている」

2014年11月23日、微博での書き込み

古《こ》永《えい》鏘《しょう》

Gu Yong Qiang

動画サイト戦国時代の覇者・
優酷（ヨーク）の創業者

古永鏘

年表

1966年	0歳	誕生。
1975年	9歳	オーストラリアに移住。
1978年	12歳	改革開放政策が始まる。
1979年	13歳	米中国交正常化。
		米カリフォルニア大学バークレー校に入学。
1984年	18歳	国有企業改革により、中国に初の株式会社が誕生。
1986年	20歳	日本のバブル景気はじまる。1991年に崩壊。
1989年	23歳	天安門事件。
		ベイン・アンド・カンパニーに就職。
1992年	26歳	南巡講話。社会主義市場経済路線が確立。
1993年	27歳	富国基金に転職。
1994年	28歳	外資の中国市場参入規制を緩和。
1990年代なかば		中国でVCDによる海賊版視聴がブームに。
1999年	33歳	捜狐網に転職。
2000年	34歳	ドットコムバブル。
2001年	35歳	中国がWTOに加盟。
2002年	36歳	胡錦濤体制が成立。
2004年	38歳	プレイステーション・ポータブル発売。中国で人気に。
2005年	39歳	動画配信元年。
		Youtubeや土豆網など多くのサイトが成立。
2006年	40歳	優酷網を設立。
2008年	42歳	リーマン・ショック。
		優酷網が中国動画配信サイト市場でトップに。
2009年	43歳	日中のGDPが逆転。
2010年	44歳	ナスダック上場。
2012年	46歳	習近平体制が成立。
		土豆網と合併。
2015年	49歳	日本を訪れる中国人観光客が増加。「爆買い」が流行語大賞に。
		阿里巴巴が優酷網を買収。
2016年	50歳	古永鏘が優酷網董事長・CEOを辞任。

中国では厳しいネット検閲が敷かれているため、「壁越え」と呼ばれる検閲回避法も存在している。その一方でＶＰＮを利用した「壁入り」もある。海外にいながらわざわざ不自由な中国国内のネット環境を得ようというのだ。グーグルやフェースブックが使えない不便はあるが、一方で娯楽は充実している。たとえば日本のアニメにしても、現在の中国では大半の新作が日本での初公開直後に正規版がネット配信される。他にもＮＢＡや欧州サッカーなどのコンテンツも充実しているし、その多くが無料配信だ。ここまで聞くとあなたも不自由な中国に「壁入り」したくなってきたのではないだろうか。

海賊版天国から始まり、今や正規版のドラマ、映画、スポーツ、アニメなどが放送されるようになった中国の動画配信サイト業界。その栄枯盛衰を、大手配信サイト・優酷（ヨウク）を中心に見ていこう。

海賊版動画の歴史

動画配信サイト業界について触れる前に、まず前史としての中国海賊版動画事情について簡単にまとめておこう。

文化大革命が終わるまでは外国製コンテンツは厳しく輸入が制限されていた。中国では現在にいたるまで『スター・ウォーズ』はまったくといっていいほど人気がない。それというのも第1作となるエピソード4が公開された1977年は文化大革命直後で米国映画が輸入できず、中国では上映されなかったためだ。

中国は世界的な流行から隔離されていたのだ。日中双方の映画業界で俳優として活躍する翁《おきなか》華栄《えい》氏は、中国の映画人が世界的な映画体験を欠いていたことが、今にいたるまで中国映画に負の影響をもたらしていると指摘している。

1980年代になって中国は徐々に海外作品の輸入を認めるようになる。しかし米国文化に対する警戒心は強く、初期は日本作品が中心だった。高倉健や『鉄腕アトム』が中国で圧倒的知名度を誇っているのもそのためだ。

そして1990年代半ばになると、ビデオCDによって中国の映像コンテンツに革命が起きる。日本では音楽用CDしか普及せず映像はビデオが多くのシェアを占めていたが、中国ではテープが高価なビデオはほとんど普及せず、コスト面で優れるビデオＣＤが流行した。

海賊版が大量に販売されたばかりか、それをレンタルする貸しビデオＣＤ屋も無数に出現した。２０００年代に入り、ＤＶＤに主流が切り替わると海賊版はさらに隆盛する。映像用規格で収録するのではなく、パソコン用の映像データで収録することによって、１枚のディスクに何十時間もの映像が収録できるようになり、より安価にコンテンツが流通するようになったためである。

ちなみに２００４年に発売されたソニーのプレイステーション・ポータブルは中国では革命的なガジェットとして人気を集めた。ハンディサイズの小さな機械で海賊版動画がいくらでも見られたからだ。当時流通していた海賊版ＤＶＤ用にはＰＳＰの画面サイズに調整された動画も収録されているほどだった。ソニーは海賊版動画が視聴できないようにロックをかけたが、電脳街にはロッ

因为原文是有针对性的，所以这里我只节选相关的部分。
压缩DVD
5元 8元 1张
压缩DVD
5元 8元 1张
关于盗版的现状：

海賊版動画データを大量に詰め込んだ「圧縮DVD」を販売する露店。

（出典：http://group.mtime.com/thriller/discussion/583813/）

クを解除する専門の業者まで現れていた。

仮定の話だが、もしソニーが海賊版を視聴しやすいようにPSPを進化させていたとしたら、中国市場におけるシェアはより大きなものとなっただろう。あるいは今にいたるまで盤石の地位を築いていたかもしれない。違法行為を助長するような真似は許されないと思うかも知れないが、PSPに代わり海賊版動画視聴がもっと便利なMP4プレイヤー（携帯型動画プレイヤー）やiPhoneが人気になったことは事実だ。

そして、DVDに続くのが動画配信サイトの時代となる。

中国版タイムマシン経営

タイムマシン経営という言葉がある。孫正義の造語で、海外（主に米国だが）でヒットしたビジネスモデルをいち早く日本国内に持ち込んで勝負するという手法だ。日本同様、中国でも1990年代からIT業界ではタイムマシン経営が大流行した。

中国ではネット検閲によって海外のサービスが使いづらいという障壁があるため、日本以上にタイムマシン経営が成功する条件が整っていたとも言える。特に米国で最新サービスを理解した「**海亀派**」（中国語では海亀は海帰と似た発音。海外帰国組を意味する）がタイムマシン経営の担い手となったケースが多い。

ポータルサイト、パソコン用メッセンジャーソフト、ブログ、ソーシャルメディアなど米国でヒットしたサービスはほとんどが中国企業によってコピーされた。山谷《やまや》剛史《たけし》『中国のインターネット史』（星海社、2015年）はこれを「ワールドワイドウェブからの独立」と命名し、検閲によってネット空間は閉ざされているが海外と比べても見劣りしない、充実した中国独自のウェブサービスが展開されたと評価している。

そうしたタイムマシン経営、中国独自のウェブサービスの代表格とも言えるのが動画配信サイトだ。世界的な動画配信サイト元年となったのは2005年。デイリーモーション、ユーチューブなど現在も支配的シェアを占めているサービスが誕生した。中国でも2004年に楽視網、捜狐寛頻が登場。2005年には土豆網、PPTV、PPS、酷6網、56網などが登場し、戦国時代の幕開けとなった。

優酷は2006年創業の後発組だ。創業時点で中国にはすでに200もの動画配信サイトが存在していた。凄まじいレッドオーシャンを、優酷はいかにして勝ち抜いていったのか。

創業者はグローバルな転校生

優酷は古永鏘によって創業された。古は１９６６年、香港生まれ。9歳の時にオーストラリアに移住した。しかもシドニーから列車で3時間も離れた田舎町にだ。学校には古以外、中国人は一人もいなかった。古と日本人の学校教師とその2人の子どもだけが校内のアジア人だったという。

見知らぬ土地での生活は「まるでプールに放りこまれたよう」で、恐怖を感じたと古は振り返る。しかしそのうちに見知らぬ文化を理解し、溶け込むことが快感に変わった。その後、次々と新しい土地、新しい事業にチャレンジし続ける古のパーソナリティーにつながったという（『人物月刊』２０１５年第2期）。

古は高校を卒業すると、アメリカに留学する。カリフォルニア大学バークレー校を卒業後、１９８９年に世界的なコンサルティング企業「ベイン・アンド・カンパニー」に就職した。

在籍中、スタンフォード大学でＭＢＡを取得したが、そのコースの一環として北京大学での研修に参加したことで古は中国でのビジネスにチャレンジしたいという気持ちが芽生えた。9歳で香港を離れた古にとって中国は見知らぬ土地も同然、チャレンジ精神がまたもたげてきたのだ。研修中にベンチャーファンド・富国基金の創業者と知り合い、同社に身を寄せることとなった。

しかし富国基金で5年間働いた後、古に転機が訪れる。1998年、ポータルサイト・捜狐網の創業者である張朝陽と面談した。投資案件についての打ち合わせだったが、古の実力に惚れ込んだ張が「投資は要らないからうちに転職しなさい」と誘ったのだ。

捜狐はまだ社員100人程度の小さな企業だったが、古はインターネットが今後大きなビジネスになると確信していた。翌年に転職するやすぐに高級副総裁兼最高財務責任者（CFO）となり、2002年からは首席運営官、2004年に総裁に就任している。

優酷の創業

同年末、古は捜狐を辞職する。インターネット業界で経験すべきことはすべて経験し終えたとの思いからだった。次なる目標は起業だった。問題は何をやるかだ。退職後、妻につきそってニューヨークでプロデューサー専攻の教育を受けていた古は当時、普及しつつあったインターネットの光回線に注目していた。ADSLと比べれば100倍もの帯域を持つようになると、どのようなサービスが普及するかを熟考していた。

古が最初に思いついた事業は動画配信サイトではなかった。当時、中国では歌手オーディション番組『超級女声《スーパーガール》』が大人気だった。中国各地から集まった若い女性が毎週オーディションに参加し、視聴者のショートメール投票で脱落者が決まるという仕組みだった。ファンが街中でプラカードを掲げて投票を呼びかけたり、有料の投票権を「爆買い」するなど社会現象となっていた。日本のＡＫＢの総選挙システムを先取りしたかのような番組だった。

古はインターネットを活用すれば、よりインタラクティブでユーザーを巻き込むオーディション番組が作れると考えた。そこで『超級女声』を放送している湖南テレビに共同事業を持ちかけた。

ところが湖南テレビといえば、中国ナンバーワンのバラエティ放送局だ。起業したばかりの古のことなど歯牙にもかけない。一緒に番組作りをしてもいいが、古の立場はあくまで下請け。制作協力費は支払うが、ヒットしても一切利益は分

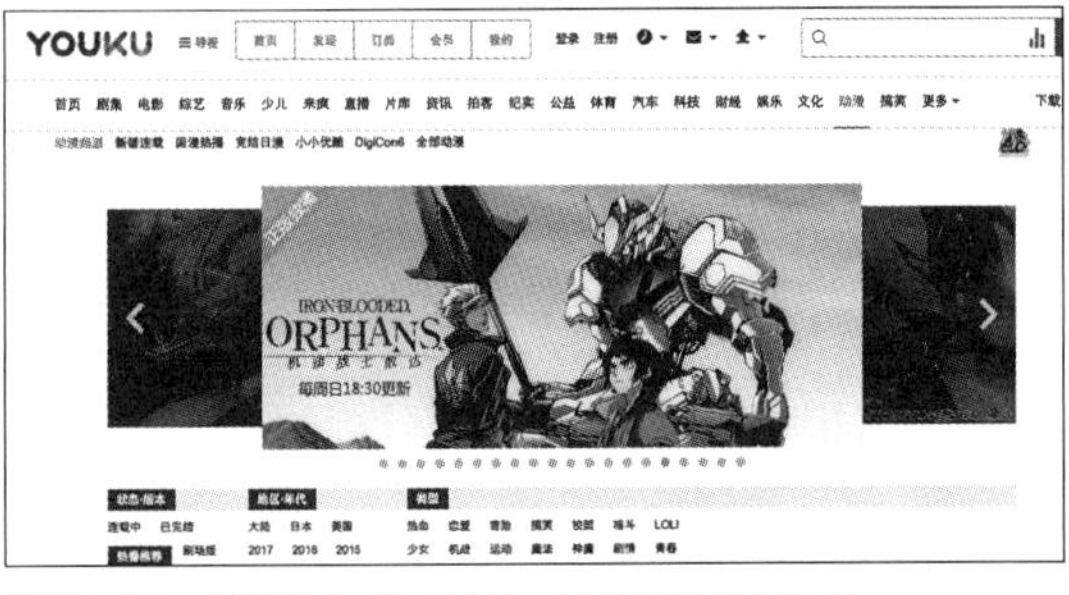

「優酷」のアニメ新番組ページ。日本アニメも多数配信されている。
（出典：http://comic.youku.com/?spm=a2hww.20023042.topNav.5~1~3!20~A）

配しないという傲慢な契約を突きつけてきたという。

これでは話にならないと古は方針を転換した。こうして2006年に動画配信サイト・優酷網を立ち上げる。

無数の先行者がいるなかで優酷はまったく目立たない存在だった。動画配信サイト間の競争といえば、普通ならばどれだけのコンテンツを持つかが勝負だが、中国では違う。海賊版天国なだけに、人気動画はすぐにコピーされてすべての動画配信サイトに掲載された。どのサイトを見ても同じ作品があるのだからオリジナルコンテンツなど意味がない。

海賊版天国を支えた「避風港原則」

海賊版の野放しを許したのは百度MP3検索サービス裁判が背景にある。検索サイト・百度は2001年にサービスを開始したが、当時はグーグルが中国市場でトップシェアを占めていた。

逆転の契機となったのは2002年11月にリリースされたMP3検索だ。インターネットで公開された音楽ファイル（MP3ファイル）を検索し、百度のサイト上で再生できるというものだった。2005年にユニバーサル、ワーナー、ソニー、EMI、ゴールドタイフーングループ（2014年にワーナーが買収）が提訴するが最終的に百度は無罪判決を勝ち取る。

この裁判によっていわゆる「**避風港原則**」が成立した。中国の法律ではネットにおける知的財産権侵害について、権利者からの申請があった場合に速やかに削除するようにとの手続きを定めている。MP3検索サービス裁判によって、削除しさえすればサービス提供者は賠償責任を負わないとの法解釈が定着した。この解釈は「避風港原則」と呼ばれている。

この構造は日本のプロバイダー責任法とwelqを筆頭とするキュレーションサイト問題と酷似している。権利者の申請による削除手順を遵守していればプロバイダーの責任は問われない、実際の手続きでは、権利者側に書類作成などの多大な事務コストを発生させる、さらにはユーザー作成のように見せかけてサイト運営側が実際にはコンテンツを作成していたという点でも同一だ。

後述するとおり、中国ではこの避風港原則から正規化へと転換が進んだわけだが、逆に日本が中国的コンテンツ侵害へと逆戻りしている点は興味深い。

優酷も海賊版アップロードが多い動画配信サイトだったが、異彩を放っていたのは独自のサーバー、配信システムの構築に投資したことだった。

他社が初期コストが少ないレンタルサーバーに頼っている間に、優酷は着々と自社のデータセンターを充実させ、スムースに視聴できるサイトとして評価を高めていった。

大手インターネットプロバイダー・中国電信（チャイナテレコム）出身の社員がいたことも大きかった。どのようにサーバーを配置すれば、もっとも効率よくユーザーに快適な視聴環境を提供できるか。古巣から持ってきた機密情報を元に、効率的なネットワーク構築を進めていった。

当局とのトラブル回避術

優酷ならば快適に視聴できる。この口コミが広がっていくにつれ、ユーザーの視聴時間数も延びていき、優酷はライバルたちをごぼう抜きにする。2008年6月にはライバルの56網が1カ月間にわたりアクセス不能になるという問題が起きたが、その際に同サイトのユーザーを多数獲得。視聴時間数1位の動画配信サイトとしての地位を確立する。

56網のトラブルだが、公式にはシステム・アップグレードの失敗と説明されているが、実際には当局との交渉失敗が原因だったとの見方が有力だ。中国ラジオテレビ映画総局は動画配信サイトの免許制を導入していたが、56網、優酷、土豆網というトップ3サイトはいずれも免許を取得していなかった。

56網と時を同じくして、土豆網は1日間、優酷は1時間にわたりサービス停止となったが、56網だけは1カ月にわたりアクセスできない状態が続いた。当局とのトラブルをいかに速やかに解決できるか、この手腕も中国企業にとってはきわめて重要な能力と言える。

中国動画配信サイト業界でトップとなった優酷は2010年12月、ナスダック上場を果たす。さらに2012年には業界2位の土豆網を合併し、その地位を盤石にした……はずだった。

第二次動画配信サイト戦争始まる

2005年から始まった動画配信サイト戦国時代は、優酷の天下で終結したかに見えた。だがテレビに取って代わる広告媒体と考えると動画配信はあまりにも魅力的な市場だ。2010年代に入ってから次々と新規参入者が現れ、**第二次動画配信サイト戦争**が勃発する。

一度取った天下が危うくなったのは構造的理由がある。将来の可能性は大きいが現時点では利益が出づらいビジネスモデルのため、保有する資本が勝負の決め手となる。それというのも動画配信サイトはユーザー数に応じてネットワークの帯域を確保する必要があるためだ。

いみじくも2016年に日本で急成長をとげた動画配信サイト・AbemaTVについて、2ちゃんねる創業者のひろゆき氏が電波をばらまくテレビに対して、動画配信サイトは視聴者一人一人に対して帯域コストがかかるため高コスト体質であり、広告モデルでの利益化は難しいと指摘している。他のビジネスで稼いだ資本で、将来の投資として動画配信サイトを運営するならばともかく、動画配信専門の優酷は経営面で大きな不安を抱えていた。

さらに2010年代に入ってからは中国でも海賊版に対する風当たりが強くなり、裁判で賠償金を支払う事例も出てきた。各サイトはユーザーを獲得しようと、大金を投じて版権獲得に乗り出す。こうした動きによりコンテンツの獲得費用は一気に高騰し、経営を圧迫する要因となっている。

検索大手・百度の2015年度報告書によると、旗下の動画配信サイト、愛奇芸の営業収入は約53億元（約1030億円）。一方、版権取得コストは約77億万元（約1500億円）

に達している。赤字を垂れ流す「**焼銭モデル**」の経営だ。有料会員やプレミアムコンテンツの販売などさまざまなビジネスモデルが摸索されているが、現在はまだ利益モデルは確立されていない。将来の可能性を信じてシェアを争う「焼銭」（中国語で利益回収の見込みが立たないのに投資を注ぎ込むこと）が続いている。

そもそも動画配信サイトはユーザーが他サービスに移りやすいという特性がある。阿里巴巴のようなネットショッピングモールならば多くの出店者を集められれば、その優位性はなかなか覆らない。SNSならば多くのユーザーが使用していること自体が魅力であり、より高品質のサービスが出てもシェアは動かない。こうしたサービスそのものの魅力ではなく、利用者が増えることによってサービスの魅力が増す現象を**ネットワーク外部性**と言う。

しかし動画配信サイトは簡単に別サイトに乗り換えることが可能な、ネットワーク外部性が働きにくいサービスだった。ユーチューブに代表されるように、ユーザー投稿型のサービスでは投稿動画数の増加というネットワーク外部性が働くが、中国では一つのサイトにアップされた人気動画はすぐに他のサイトにコピーされてしまうため、これも機能しなかった。

テレビからネットへ、未来の巨大市場に新規参入者

その一方でテレビに代わる新たなエンターテイメント市場としてネット動画の潜在的需要は高く評価されており、次々と巨大資本が参入していった。とりわけ大々的な動きを見せたのは大手検索サイト・百度、ECサイト・阿里巴巴、ゲームとチャットソフトの騰訊、BATと呼ばれる中国IT業界を代表する三大企業である。

2010年には百度が動画配信サイト・愛奇芸を立ち上げた。正規版権を取得した高品質の動画を大量にそろえたラインナップが売りだ。2013年には大手動画配信サイト・PPSを買収・統合し、一躍動画配信サイト最大手に躍り出た。

騰訊は自社の動画サイト・騰訊視頻を2011年にオープンした。同社の強みは幅広い事業分野を持っていること。動画配信サイト単体ではなく、「汎娯楽化」(同一IPで映画、ドラマ、ゲーム、書籍、舞台などを並行展開)の一環として動画配信サイトを活用している。出遅れた形となった阿里巴巴だが、2015年になんと優酷を買収し、大々的に動画配信サイト業界に進出する。

さらにBAT以外の動画配信サイトも活発な動きを見せている。老舗ながら存在感を見

せたのが楽視網だ。２００４年に創業した同サイトは「ネット動画の卸売業者」を目指して、膨大なコンテンツのネット配信権を買いあさってきた。２０１０年代の正規版権の時代になるとそのコンテンツ資産が生かされ、存在感を増している。

さらに同社はＦ１など大型スポーツイベントの配信権〝爆買い〟から、スマートテレビの製造販売、スマートフォンへの進出、自動運転車開発まで一気に事業分野を拡大したが、２０１６年になって資金難に陥ったことが報道されている。２０１７年2月には契約金未払いのため、アジア・サッカー連盟（ＡＦＣ）主催試合の独占放送契約が解除された。

限定ジャンルの動画配信サイトとして勢力を拡大しているのがビリビリ動画だ。名前から分かるとおり、日本のニコニコ動画を模倣したサイトとして創設された。２００９年の開設当時の名称はＭｉｋｕｆａｎｓ。人気キャラクター・初音ミクの名前からサイト名を取っていた。

ニコニコ動画と同様のコメント弾幕機能が売りではあるが、この機能自体は間もなく他のサイトも導入している。同サイトがユニークなのは、ニコニコ動画と同様にファンコミュニティが形成されている点だ。ユーザーの75％が24歳以下、平均年齢は17歳と若い。「歌ってみた」「踊ってみた」やＭＡＤ動画などのユーザー投稿が多い点でもユニークだ。

中国のコンテンツ市場では消費意欲が旺盛な90後（1990年代生まれ）をいかに取り込むかが課題であり、この世代に親和性の高い日本のアニメやゲーム、中国語で言う**二次元産業**の価値が高く評価されている。

他にもSNSでの動画投稿に特化した秒拍、個人のストリーミング配信に特化した伯伯、YYなどの新興勢力も多い。日本人の動画配信主として中国で活躍する山下智博氏は新作動画を同時に10以上のプラットフォームに投稿しているという。戦国時代が続いている証と言えそうだ。

テレビの視聴者数という草刈場がある以上、動画配信サイトには限りない潜在力があると評価されるのは必然だ。文化産業への移行という大背景の下、今後もシェア争いの焼銭が続き、無数のサイトの栄枯盛衰が繰り返されるだろう。

動画配信サイトが新たな戦国時代を迎えた今、古永鏘はどのような役割を果たすのだろうか。2016年10月31日、古は優酷のトップから退任することを発表した。今後は阿里巴巴グループの阿里大文娯楽戦略・投資委員会の首席として、同グループのコンテンツ投資を主管することが決まった。発表当日、古は「IP（知的財産）のアップグレード、コンテンツのイノベーション、海外との提携」という3つの方針に基づき、投資を進めていくと話している。

経営の第一線からは身を引いたとはいえ、古の野心はいまだ衰えていないようだ。トップ退任の翌日、11月1日に古は微博《びはく》に次のような言葉を残している。

「優酷の11年、北京・上海で暮らした22年に感謝を。次の11年は新たな船出だ。期待に満ちている。阿里大文娯楽戦略・投資委員会と新たなエコサイクル。前進、進め」

第8章

ハードウェア業界の“無印良品”ってなんだ？

「強風が吹く場所ならば、ブタですら空を飛べる」

『句子謎網』

VCG

雷《らい》軍《ぐん》

Lei Jun

ハードウェア業界の“無印良品”?!

小米（シャオミ）を立ち上げた天才プログラマー

雷軍 年表

1969年	0歳	湖北省仙桃市の農村で生まれる。
1978年	9歳	改革開放政策が始まる。 仙桃市の都市部に引っ越し。
1979年	10歳	米中国交正常化。
1984年	15歳	国有企業改革により、中国に初の株式会社が誕生。
1986年	17歳	日本のバブル景気はじまる。1991年に崩壊。
1987年	18歳	武漢大学コンピューター学部に入学、ジョブズが憧れの人に。
1989年	20歳	天安門事件。
1991年	22歳	友人と学生起業も半年で解散。 大学卒業後、北京市の研究所に就職。 キングソフトに入社。
1992年	23歳	南巡講話。社会主義市場経済路線が確立。
1994年	25歳	外資の中国市場参入規制を緩和。
1995年	26歳	盤古オフィス失敗でショック。半年間の休暇。
2000年	31歳	ドットコムバブル。
		ECサイト「卓越網」にベンチャー投資、4年後にアマゾンが買収。
2001年	32歳	中国がWTOに加盟。
2002年	33歳	胡錦濤体制が成立。
2005年	36歳	新たなWPS Officeが高評価。
2007年	38歳	キングソフトが香港証券取引所に上場、雷軍は辞職。
2008年	39歳	リーマン・ショック。
2009年	40歳	日中のGDPが逆転。
		スマホメーカー「小米科技」を創業。
2011年	42歳	小米初のスマホが発売。
2012年	43歳	習近平体制が成立。
2015年	46歳	日本を訪れる中国人観光客が増加。「爆買い」が流行語大賞に。
		小米、中国スマホ市場でシェアトップに。

「中国にスティーブ・ジョブズのモノマネ経営者がいる。」

2011年、世界を騒がした三面記事だ。動画や写真を見ると、黒いタートルネックのニットとジーンズというファッションから、プレゼンスタイルまでジョブズにそっくりだ。更には、販売する商品もiPhoneと瓜二つではないか。

「中国は商品だけではなく経営者までパクるのか」と揶揄されたが、モノマネ経営者に率いられたこの企業・小米（シャオミ）はその後爆発的な成長を続け、なんと3年後には評価額450億ドル（約4兆7700億円）の世界的企業へと発展を遂げたのだ。

このチャイニーズドリームはいかにして実現されたのか。スティーブ・ジョブズに憧れた天才プログラマー、雷軍の生涯を追う。

マジメな秀才

1969年12月、雷軍は湖北省仙桃市《せんとうし》河《か》鎮趙《ちんちょう》 湾村《わんそん》で生まれた。排湖という湖のほとりにある、美しくも貧しい農村の出身だ。元気で利発な子どもだったと伝えられている。よく知られているのが雷軍少年の発明だ。夜遅くまで家事をする母のために、電球と乾電池でランタンを作ってあげた。毎晩、母の後ろにくっついてまわり、自慢げに辺りを照らしていたという。

9歳の時、雷軍一家は都市部に移住した。街の子どもたちと比べても、雷軍の利発さは明らかで、成績はいつも上位だった。「三好学生」（思想、勉強、健康すべてが優れた生徒に対する表彰）にも選ばれている。中学、高校でも優秀な成績を収めた。当時は囲碁と漢詩を愛する文学青年だったという。

もっとも田舎のまじめな純朴青年として育っただけに社会に出た後の苦労は人一倍だったと雷軍本人が語っている。

「小さい頃から良い子でしたし、共産主義を深く信じていました。教育を素直に受け入れていたんです。こんな単純な青年が社会に出て、現実の前に挫折していく。

10年、20年もたてば体はすり傷だらけになります。自分が受けてきた教育が通用しないんですからね。これがどれほど恐ろしいことか、悲しいことか、わかるでしょうか」

1987年、雷軍は武漢大学コンピューター学部に入学する。大学入試の成績だけならば、北京大学にも十分合格できたが、あえて故郷に近い学校を選んだようだ。大学に入っても雷軍はまじめに勉強を続けた。最前列で授業が聞けるようにと朝7時には教室に入っていた。週末は映画をよく見に行ったが、夜9時までは自習していたため、見るのはいつもレイトショーだった。

天才プログラマーの誕生

猛勉強によって文学少年だった雷軍は見事にパソコン少年へとジョブチェンジを遂げる。大学1年生の時に書いたプログラムがあまりに優秀だったので、翌年の新入生向け教材に使われたほどだ。「良い子」の優等生だっただけに教師の覚えもめでたく、コンピューター室の管理人にも指名された。

鍵の管理を任されたのだが、つまりはいつでも好きな時にコンピューターを使える特権を得たことを意味する。コンピューターがまだまだ高額で、大学の共用パソコンも順番待ちで自由には使えない時代だ。自分の好きな時に好きなだけパソコンを使えたことで、雷軍のプログラマーとしての能力は飛躍的に成長していった。

大学1年生の時、雷軍は人生を変える一冊の本に出会う。それが『Fire in the Valley: The Making of the Personal Computer』（邦訳は『パソコン革命の英雄たち ハッカーズ25年の功績』）の中国語版だった。スティーブ・ジョブズやビル・ゲイツらによるコンピューター技術の革命を描いた一冊だ。この物語に魅せられた雷軍はジョブズのように世界的企業を創業することを生涯の目標とするようになった。

子どもの頃からずっと「良い子」を通してきた雷軍だが、大学1年生を終えて学校の勉強だけではダメだと悟った。とりわけコンピューターを学ぶためにはなにより実践が必要だと考えるようになった。そこで武漢市の電気街・広埠屯に通い詰めるようになった。中国の電気街、パソコンの街というと北京市の中関村が有名だが、それだけではない。全国各地に同様のパーツ販売店や中小企業が集まる集積地が生まれていた。広埠屯もその一つだ。

この湖北省のアキバで、雷軍は見知らぬ人のパソコンソフトのインストールを手伝ったり、壊れた機械を修理したり、プログラムを書いたり……。腕試しにプログラムのセキュリティを破るなどハッカーとしても腕を磨いたという。まじめ青年は社会実践もまじめにこなしていったわけだ。学生時代にアンチウイルスソフトをプログラミングしたり、コンピューター雑誌に投稿したりと雷軍はめきめきと頭角を現していく。

大学4年生の時には、同級生とともに三色公司を学生起業する。当時流行していた中国語出入力ソフトを開発する企業だったが、他社にプログラムを盗まれるわ、同級生同士で誰が社長になるかで対立するわとさんざんな状況で、わずか半年で会社を解散することとなった。

求伯君との出会い

1991年、武漢大学を卒業した雷軍は北京市の研究所に「分配」される。分配とは大学生など高学歴の若者の就職先を国家が決めるという社会主義ならではの制度だ。1980年代後半には分配を辞退して独自に就職口を探す大学生が急増するようになり、1990年代半ばにはチベット自治区など一部地域をのぞいて廃止された。

雷軍の同級生たちも分配を断った者が多かったはずだが、ここでも「良い子」を通したのだった。しかし公的機関での生活は雷軍の肌に合わず、仕事以外のプログラミングにますます没頭していく。学生時代から開発を続けていた「ＢＩＴＬＯＣＫ」の改良に没頭していった。

１９９１年秋、雷軍はある展示会で金山軟件股分有限公司（キングソフト）の創業者・求《きゅう》伯君《はくくん》と出会う。漢字処理システム「ＷＰＳ」の開発で一世を風靡したエンジニアだ。学生時代に雷軍も漢字処理システムの会社を創業したが、その際にＷＰＳの優秀さに感銘を受けていた。開発者の求伯君は雷軍の５歳年上だ。自分以外にこれほど優秀なプログラマーがいるのかと、雷軍は衝撃を受けた。

事業で成功を収めた求伯君は全身を高級なブランド品で固め成功者としてのオーラを放っていた、後に雷軍は初の出会いをこう振り返っている。二人はすぐに意気投合し、翌年初頭、雷軍は金山軟件に転職する。求伯君の信頼を得ていた雷軍は入社するやいなやすぐに北京開発部トップの要職を任され、ＷＰＳの改良に邁進する。一時は中国市場の90％という圧倒的シェアを誇るソフトウェアとなった。

マイクロソフトに完敗

しかし変化が早いのがＩＴ企業の世界だ。１９９５年、パソコン用ＯＳソフト「ウインドウズ95」の登場がＷＰＳの運命を変えた。ＷＰＳの流れをくむソフト「WPS Office」を日本で販売するキングソフト株式会社の公式サイトには、「失われた10年」と題して当時の苦悩が記されている。

ウインドウズ95の発売と同時にマイクロソフト社は正式に中国に進出した。ＷＰＳがウインドウズの対応に苦慮している間にマイクロソフト・オフィスがシェアを伸ばしていく。高級ソフトではあったが、海賊版が大量に流通していたため実質的には無料ソフトも同然だ。将来の中国市場の成長を見越してマイクロソフト社は海賊版を黙認していたという側面もあった。かくしてＷＰＳのシェアは２％にまで激減してしまう。

ウインドウズ版ＷＰＳの「盤古《ばんこ》オフィス」製作を指揮していた雷軍にとって、この敗北は大きなショックだった。会社

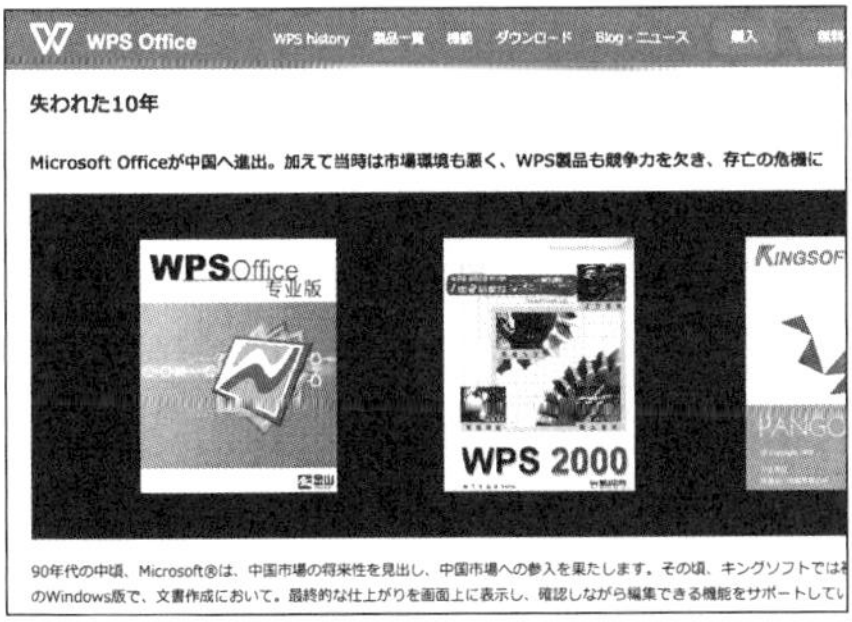

キングソフト株式会社のwebサイトにも
「失われた10年」の記載がある。
（出典：https://www.kingsoft.jp/office/history.html）

の全リソースを注ぎ込んだ一大プロジェクトの失敗によって、金山軟件はリストラを断行。仲間たちは次々と会社を去って行った。

200人以上いた社員は20人足らずにまで減らされ、求伯君は自らの別荘を売却して会社の運営資金にあてた。自責の念に駆られた雷軍は辞職を願い出るが、雷を失うわけにはいかないと求伯君は慰留。6カ月間の長期休暇を与えたのだった。

どん底からの復活

手痛い打撃を被った金山軟件は新たな企業戦略を選ばなければならなかった。不動産事業の転換なども選択肢として挙がったが、最終的にソフトウェア企業として再スタートを切ることを決意する。

長い休養から復帰した雷軍の指揮の下、音楽プレーヤーやゲームの開発を手がける。そうしたなか、中国初のパソコン向けRPG『剣俠情縁』、辞書ソフト『金山詞覇』、アンチウイルスソフト『金山毒覇』といったヒット作が誕生した。

2000年代に入るとオンラインゲームの流れにのり、次々とヒット作を生み出していく。完璧主義者の雷軍は仕事に没頭するばかりか、ゲームを理解するために自社のゲームを徹底的にやりこんだ。昼間は仕事、夜はゲームの毎日でいつ寝ているのか不思議なほどだ。金山軟件の幹部社員にもキャラクターのレベルを40以上にせよと指令を下したほどだった。

さらに一度は壊滅的な状態に陥ったWPS Officeもマイクロソフト・オフィスとの互換性を確立したことでシェアを回復していく。中国が遅まきながら海賊版撲滅にのりだしたことで、安価に正規版が購入できることも追い風となった。

2005年には新たにゼロからプログラミングしたWPS Office 2005を発表。高度な互換性と軽快な動作で高い評価を得た。その人気は中国国内にとどまらず海外にも広がった。翌年には「キングソフト・オフィス」の名称で日本進出も実現している。

上場、そして退職

そして2007年、金山軟件はついに香港証券取引所に上場を果たす。1995年の大失敗から12年目の逆転劇だった。雷軍の入社から16年、創業から20年での上場に金山軟件の関係者は大喜びだった。ストックオプションによって多くの社員は多額の財産を得た。

その中で唯一うかない顔をしていたのが雷軍だった。上場時点の金山軟件の時価総額は

6億2610万香港ドル（約94億5000万円）。2005年にナスダック市場に上場した百度の39億5800万ドル（約4360億円）、同じく2007年に香港証券取引所に上場した阿里巴巴の15億香港ドル（約226億円）を大きく下回っている（阿里巴巴は後に上場廃止し、ニューヨーク証券取引所で再上場を果たしている）。

かつてソフトウェア産業は成長分野の最先端にあったが、2007年時点ではインターネット企業にその地位を奪われていた。

「金山軟件は荒れ地を耕していたようなものだ。なぜ台風が来たときに凧を飛ばさなかったのだろう。台風の時ならばブタだって空に舞い上がるというのに」

これが雷軍の思いだった。果たして上場の2カ月後、雷軍は金山軟件を退職する。そして伝説となる携帯電話会社・小米（シャオミ）科技の創設まで2年間にわたる雌伏の時を過ごすのだった。

エンジェル投資家としての雷軍

さて、小米科技の創業にと筆を進めたいところだが、その前に雷軍のもう一つの顔であるエンジェル投資家としての側面にも触れておこう。

エンジェル投資家とは、創業間もない企業に投資する個人投資家を意味する。米国同様、中国では上場によって巨額の富を得たIT業界関係者が圏子（サークル）の顔見知りに投資し、コネクションを築き上げていく傾向が強い。

いや、中国では古くから「関係」（コネクションの意）がモノを言う世界だけに、エンジェル投資家の持つ意味合いは米国以上に大きいと言えるかもしれない。中でも雷軍は中国のエンジェル投資家の代表格として知られ、IT業界に「雷軍派」と呼ばれる企業の緩やかな連合体を形成するにいたっている。

最初の投資は2000年、卓越網というウェブサイトに対するものだった。雷軍個人の資本ではなく、金山軟件による投資だったが、雷軍の個人的コネクションと強い意志によって投資を決めた。

当初、卓越網はソフトウェアのダウンロードサイトとしてスタートしたが、これでは利益が上がらないと、書籍やCDを売る物販サイトに転向する。当時、企業間取引を仲介するB2Bモデルの阿里巴巴が人気を高めていたが、企業が消費者に販売するB2C型モデルでは当当網が1位、卓越網が2位の座にあった。

2004年、米国のアマゾンが卓越網を買収する。卓越網を自らの手で育てたいと願っていた雷軍にとっては痛恨だったが、資金を欲していた金山軟件の意向には逆らえなかった。卓越網は卓越アマゾンと改名し、米アマゾンの一部となった。

金山軟件の上場後、ストックオプションによって資産を得た雷軍は独自の判断で投資を続けていく。モバイル金融会社の拉卡拉、ゲームポータルサイトの多玩網、アパレルウェブ通販の凡客誠品などその数は20社以上に達する。また、エンジェル投資をシステム化するべく、2011年にはファンド「順為資本」を創設している。

雷軍が創業者を務めるベンチャーファンド「順為資本」。
(出典：http://www.shunwei.com/)

小米創業への道

2009年、雷軍は再起を決意する。今度の戦場はスマートフォンだ。金山軟件での苦い思いから、今まさに追い風が吹いているホットな分野で勝負しようと決意したのだ。また学生時代からのアイドルであったスティーブ・ジョブズの傑作・iPhone への挑戦でもあった。

中国メーカーによる携帯電話製造はコモディティ化の進展と深い関係がある。きっかけとなったのは2006年、台湾のメディアテック社によるSoC（CPUと周辺デバイスが一体化した集積回路）の販売だ。技術的ハードルが高い主要部品とプログラムはメディアテック社の製品を買えばそろってしまう。品質もある程度は保証される。

メディアテック社の中核部品に、独自の外装や太陽電池による充電機能、大音量スピーカーなどの独自機能を付けた中国独自の携帯電話が大量に生産されるようになった。中国政府は携帯電話の製造メーカーを免許制としていたが、山寨機と呼ばれる無認可メーカーが最盛期には1600社も登場。最盛期には販売台数は年間1億5000万台を超えた。

しかしiPhone の登場によってスマートフォン時代が到来すると、山寨機は次第に勢力を失っていく。一部の山寨機メーカーはグーグルが開発したスマートフォン用OS「アンドロイド」を使って機種開発を進めたが、初期のアンドロイドは iPhone と比べて性能が見劣りしたこともあり、広く普及はしなかった。

だが雷軍はアンドロイドを活用し、海外メーカーのハイエンドなパーツを組み合わせることで、中国でもプレミアム感のあるスマートフォンが作れると考えた。２００９年から会社の立ち上げメンバーを集め始め、翌年４月に小米科技公司を立ち上げる。

当初の製品は「ＭＩＵＩ」と呼ばれる中国向けにカスタマイズされたアンドロイドだ。当時、中国のアンドロイド・ユーザーの間では「**刷機**」と呼ばれるＯＳの書き換えは一般的な行為で、自分のスマートフォンのＯＳを、カスタムＯＳに入れ換えるユーザーは相当数存在した。

カリスマ経営者・雷軍の手によるＯＳとあってＭＩＵＩは大きな注目を集めた。無料配布だけにこれだけでは利益にはつながらないが、米粉と呼ばれる小米ファンを形成する最初の原動力となった。特に雷軍はプログラマー出身であり、またネット掲示板時代からネットユーザーとの交流を得意としていたこともあって、ガジェット好きの心をつかむことに長けていた。ＭＩＵＩのファンコミュニティを構築し、ユーザーからの改善要求をこまめに修正することでコアファンの忠誠心は高まっていった。

コスプレ経営者が生み出した大ヒット商品

そして2011年7月、待望のスマートフォン「小米手機」(Mi1)が発表された。発表会で雷軍は黒いタートルネックのニットとジーパンというファッションからしゃべり方までスティーブ・ジョブズを模倣。中国ネットユーザーからは「レイブズ」(雷軍の発音レイ・ジュンとジョブズをかけあわせた言葉)と呼ばれ、海外でも話題となったほどだった。

信奉するジョブズになりたかったという思いもあったのだろうが、新製品に注目を集めるためのパフォーマンスとしては上々だろう。

小米手機は1年以上にわたり改善が繰り返されたMIUIを搭載し、クアルコムの新型SoCやシャープの液晶など一流メーカーのパーツを組み合わせたハイスペック機ながら、1999元(約2万5000円)という他社の半額に近い価格を実現した。雷軍はハードウェアでの利益は不要だと公言している。アプリストアや動画視聴など小米のエコシステムにユーザーを囲

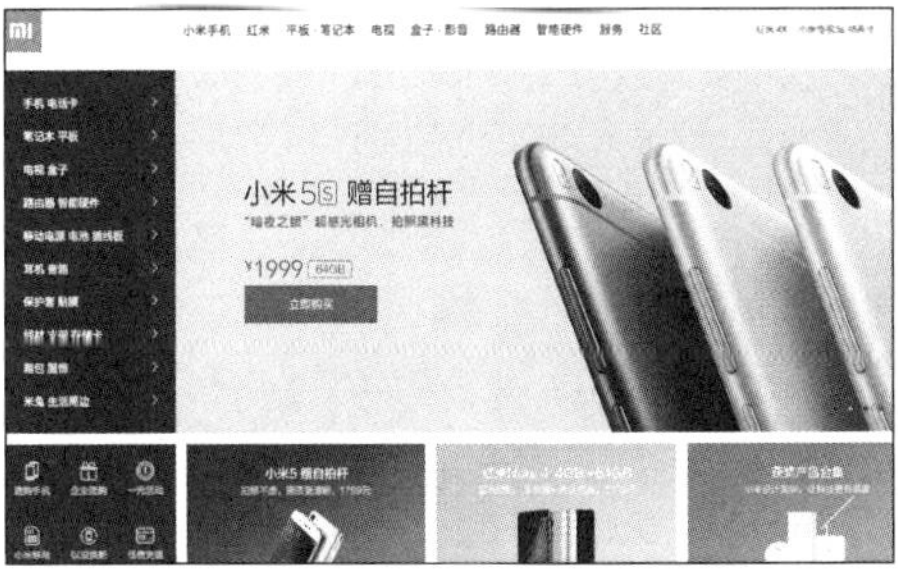

小米のウェブストア。
(出典：http://www.mi.com/index.html)

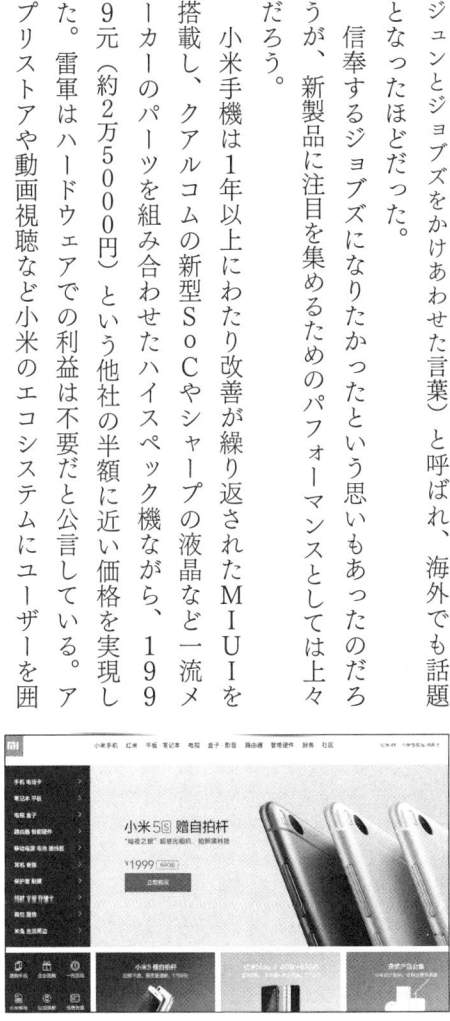

い込むこと、ユーザーのビッグデータを収集し新たなビジネスにつなげることが、将来の利益を生み出すという構想だ。本当に将来の利益がもたらされるかは未知数だが、小米手機が部品原価すれすれの価格で販売されたことは間違いない。その圧倒的なコストパフォーマンスは絶大な人気を呼んだ。

シンプルさとスタイリッシュさを兼ね備えたデザインも今までの中国製品には見られないものだった。実は雷軍は日本の無印良品の愛好者としても知られている。「**我々はハードウェア業界の無印良品を目指す**」と公言しているが、ブランドを主張しないシンプルなオシャレさを小米科技の製品は取り込んでいる。

OSも主要パーツもすべて外注でかつての山寨機を彷彿とさせたが、雷軍は部品の寄せ集めであることを逆に宣伝した。信頼できる海外メーカーのパーツを使っているのだと胸を張ったのだ。

販売手法も公式サイトでのネット通販のみという異例なものだったが、予約開始からわずか34時間で32万台もの予約が集まった。

初期の製造台数は10万台だったため品薄となり、その後も追加販売が発表されるたびに秒殺で品切れとなる事態が続いた。品切れが解消したのは翌年6月になってのこと。約10

カ月にわたり小米手機の爆発的人気は続いたのだった。公式発表によると、最終的な販売台数は400万台に達した。

その後も小米科技の快進撃は続く。2012年夏には改良版の小米手機1S、小米手機2を発表。今度は発売前に140万台もの予約が入り、高額で転売される人気となった。

その後も新機種が発表されるたびに品切れが続き、飢餓商法と批判されるほどだった。2013年には廉価版の紅米手機（RedMi）をリリース。799元（約1万2500円）という圧倒的な安さでローエンド市場で圧倒的な地位を築いた。紅米手機は2016年、シリーズ累計の販売台数が1億台を突破した。小米科技は紅米手機に「**国民携帯**」という肩書きを与えている。

異例のスピードで成長する小米科技。いまだ上場はしていないが、融資を受けるたびに時価総額は破竹の勢いでふくれあがっていった。

2011年10月の融資時点で評価額は10億ドル（約800億円）に達し、**ユニコーン企業**（評価額10億ドル以上の非上場ベンチャー企業）の仲間入りを果たした。2013年には100億ドル（約8000億円）、2014年には450億ドル（約4兆7700億円）と評価され、世界的大企業の仲間入りを果たしたのだった。

小米エコシステム

スマートフォン・メーカーとして成功を収めた小米だが、その後はさまざまな関連製品を販売していく。ネット動画が視聴できるセットトップボックス、スマートテレビ、ルーター、ウェアラブル・バンド、空気清浄機、温水ポット、トランク、リュックサック、ボディバッグ、自撮り棒、ラジコンヘリ、電動自転車、炊飯器……とその商品数は膨大だ。

卓越網をアマゾンに売却した時の後悔が残っているのだろうか、ECへのチャレンジが一つのテーマとなっている。MIUIのファンコミュニティには熱烈なファンが多く、小米ブランドの製品ならばなんでも買いたいという人も少なくない。直営の公式サイトはスマートフォンだけではなく、さまざまな商品が売られるネットショップとして機能している。携帯電話に加えて、アパレルからラジコンまでさまざまな製品が並んでいる。

もう一つのテーマがたんなるハードウェアメーカーに終わらず、エコシステムを築きたいという野望だ。アップルはiPhone販売を基盤にアプリや音楽、電子書籍を売るエコシステムを完成させた。小米も同様のエコシステム構築を目指している。

アプリ以外にも動画配信サイトや映像コンテンツ制作スタジオにも投資し、コンテンツ面での充実を図っているが、注目はハードウェア、**IoT**（モノのインターネット。様々なモノをインターネットに接続すること）への注力ぶりだろう。スマートフォンとルーターを中核とし、あらゆるハードウェアの小米製品で接続するという構想を抱いている。空気清浄機や炊飯器ですらスマホからの操作が前提という徹底ぶりだ。

エコシステム構築のためにはサードパーティの取り込みが必要となる。ここで生かされるのが雷軍のエンジェル投資家としての一面だ。雷軍が立ち上げた順為資本は20億ドル（約2000億円）もの資金を調達しているが、小米製品と連携するスマート機器のメーカーに数多く投資している。「**我々はハードウェア業界のインキュベーターになる**」とは雷軍の言葉だ。

中国のIT業界では百度、阿里巴巴、騰訊という三大企業「BAT」がそれぞれの勢力圏を築き、めぼしい新興企業はその3社に身売りすることがゴールとなっている。

そして今、新興ハードウェア企業のゴールになりつつあるのが小米だ。近年、ハードウェア・スタートアップの成長が著しいが、雷軍はそれらの新たなイノベーション企業を取り込み、小米科技が成長する原動力にしようと考えたのだった。

２０１６年末時点で小米エコシステムにスマートデバイスを提供する企業は30社を超え、その売り上げは合計で１５０億元（約２４６０億円）に達している。なお小米が投資したスマートデバイス企業は77社に達している。投資先の半分以上はまだ製品開発を進めているベンチャー企業であり、今後も続々とユニークな製品が登場するのは間違いない。

小米の強さと課題

田舎の純朴青年だった雷軍は金山軟件での経験を通じて大きく成長した。その経験、エンジェル投資家として培った人脈を生かして作り上げたのが小米科技だ。その強さの秘密を分析するならば、

- アンドロイドとクアルコムＳｏＣに代表される海外メーカーのサービス・部品の組み合わせによる高品質製品を低価格で提供
- 自身のカリスマを最大限に活用したファンコミュニティの活性化
- エコシステム構築による将来性の確保

といったところにあるだろうか。世界一のスマートフォン市場である中国での驚くほどの急成長が高く評価され、創業4年で時価総額450億ドルというスーパー企業を作り上げたのだった。

もっともこのシャオミの奇跡的成長は2015年をピークに下降している。2015年には中国スマートフォン市場のシェア1位、世界市場3位という輝かしい業績を打ち立てたが、2016年は中国市場5位に転落している。時価評価額も最盛期の10分の1、40億ドル（約4350億円）程度にまで落ち込んだとも伝えられている。

不振の原因はエコシステムによるユーザーの囲い込みが順調には進まなかったこと、華為、OPPO、VIVOといったライバルたちの追い上げが激しいことが要因となった。

アップルの強みはエコシステムによってユーザーの囲い込みに成功した点にある。一度iPhoneを使い、アプリや音楽などのコンテンツを購入してしまえば、他社のスマートフォンに乗り換えることは難しい。小米科技はそこまでの囲い込みはできなかった。

またハイエンドのパーツを集めて安価で売るハイコストパフォーマンスの製品というコンセプトは他社に次々と模倣されていき、優位性は失われていった。技術力では蓄積のある華為が勝り、販売力では郊外や地方都市にも直営店を持つOPPOやVIVOが勝った。

巻き返しを図る雷軍は今後2年間で1000店もの直営店を展開すると宣言したほか、ファーウェイ同様に独自のSoC開発に踏み切った。

雷軍はかつての金山軟件と同じく小米科技でも繁栄の絶頂から転落してしまった。追われる立場から追う立場に転じた雷軍と小米科技は果たして復活できるのだろうか。

コラム

アニメからみる中国の国内産業保護政策

現在、中国では多くの日本のアニメが、日本で最新話が公開された直後に中国語字幕をつけて公開されている。という話をすると、「さすが中国、海賊版天国ですね」という答えが返ってくることが多い。もちろん中国には海賊版が無数に存在するのだが、最新話の配信は大半が日本側から版権を購入した正規配信だ。日本アニメ事情の変化を追うと、中国の産業政策のうまさが見えてくる。

中国政府は2004年に「中国の映画・テレビ・アニメ産業の発展に関する若干の意見」を公布し、アニメ産業振興を大々的に推進する方針を示した。大学にはアニメ学科が作られ、各省・市は補助金を支給してアニメ制作をバックアップする。この時の補助金は「製作分数1分あたりいくら、テレビ放映1分あたりいくら、3DCGアニメだと増額」という量だけを判断基準にしたものだったため、とりあえず作れば金になると大量のゴミ作品が作られた。中国産アニメ国内放送許諾分数は2002年の約2万分から2011年には約26万分と13倍に増えた。日本の最盛期は2006年の約13万分（「テレビアニメ制作分数推移」『アニメ産業レポート2016』を参照）。中国はまたたく間に日本の二倍ものアニメを製作する世界一のアニメ大国となったわけだ。

もっともゴミ作品では人気が出るはずはない。そこで外国産アニメの排除に乗り出した。2004年には外国産アニメと中国産アニメのテレビ放映比率を4対6にするとの規制が出た。しかし、テレビ局は早朝深夜に中国産アニメを放映し、規制を回避していた。政府は2006年にゴールデンタイムでの海外アニメ放映を禁止。これで外国産アニメはテレビから消える。中国のアニメファンは海賊版を見るしかない。当初は、DVDやP2Pソフトでのダウンロードで視聴を続けていたが、そのうちより簡便な動画配信サイトへと視聴の主流は移った。

中国では、ユーザーがアップロードしたファイルによる著作権侵害は、サービスプロバイダーは申し立てに応じて削除すれば責任は問われないという避風港原則が広まっており、ほぼ野放しの状態となった。

2010年代に状況が変わった。動画配信サイトは十分に育った、次はコンテンツ制作者を育てなければならないという判断があったのだろう。中国政府は一転して著作権保護に舵を切る。法律が変わったわけでも、画期的な判決が出たわけでもないのだが、動画配信サイトにおける海賊版配信は一気に規制されてしまったのだ。海賊版の排除が進めば、今度は動画配信サイトによる配信権の奪い合いが始まる。独自コンテンツをそろえてシェアを増やそうという真っ当な競争が始まった。

中国産アニメの制作量は一気に激減し、2015年の国内放送許諾分数は約13万分と最盛期から半減している。量から質への転換が一気に進んだわけだ。さらに日本アニメの輸入も急ピッチで進んだほか、日本の原作を獲得して中国で日本風アニメを作ろうという動きも盛り上がっている。

自由貿易の原則に反する国内産業保護のやり口ではあるが、ここまで見事に成功されると脱帽するしかない。他の産業分野でも中国は似たような仕組みで、時期ごとに異なる戦略を採用した国内産業保護を行っている。アニメは教科書的ケースとなった。

次世代の起業家たち

「大衆創業、万衆創新」（大衆の創業・万人のイノベーション）には
地域も民族も年齢も階層も関係ない。
時代が変われば異なる英雄が現れる。
創業者・イノベーターこそ
今の時代の英雄だ」

李克強首相、2015年10月19日、深圳にて。

Imaginechina／時事通信フォト

8人の風雲児たち

本書はこれまで8人の起業家の軌跡を描いてきた。

コンピューター輸入代行業から世界一のPCメーカーに発展させた柳傳志。政府のコンピューター計算所出身という出自とは裏腹に、会社の看板だった天才エンジニアを放逐するなど、技術よりも流通優先という経営方針を徹底して巨大企業を作り上げた。

張瑞敏はやる気ゼロの愚連隊労働者の巣窟だった国有企業に乗り込み、厳格な信賞必罰によって再生させた。放っておけば人間は怠惰になり会社は衰退するとの考えから、個々の責任を問う組織制度を導入し、世界一の家電メーカーを作り上げた。

宗慶後は三輪自転車で街を駆け回る購買部のおじさんから、天才営業マンとしての実力を発揮し、子ども向け栄養食品という市場を開拓した。さらには海外資本との壮絶な裁判を勝ち抜き、愛国英雄となった。

任正非は軍から天下りした国有企業で、大ミスを犯して解雇された。しかし、その後は真摯な人柄と冷徹な管理能力を生かし、豊富な人材をそろえて中国最強のイノベーション企業を作り上げていく。

わずか15歳で軍人となった王健林は常に時代の最先端、最難関に飛び込み続けてきた。

軍時代も公務員時代も経営者時代もそれは変わらない。旧市街地のスクラップ&ビルドという難業を成功させ不動産企業のさきがけとして成功すると、巨大百貨店チェーンという消費の時代でも先頭ランナーになった。そして今ではレジャーリゾートや映画館、スポーツなど文化産業という新たな成長分野で貪欲なる進撃を続けている。

知的で物静かな印象を与える外見とは裏腹に、ケンカっ早くてガキ大将の馬雲は英文科卒業でITに関する知識はゼロながら、新しい時代に勝利する要素をいち早くつかみ、最強のコミュニケーション能力と弁舌をもって次々と強敵を倒してきた。

香港生まれのオーストラリア育ち、米国一流大学卒業の古永鏘は百花繚乱の戦国時代だった動画配信業界に飛び込み、地道なユーザー体験向上を鍵として天下をつかんだ。宣伝やら目玉作品、話題作りに明け暮れていた他社を尻目に、マーケットで勝利するためのキーポイントを着実につかみ、黙々と邁進したことが差別化をもたらした。

スティーブ・ジョブズにあこがれた天才プログラマー・雷軍は、有力ソフトウェアメーカーの金山軟件を牽引する存在だったが、ようやく上場を果たした時には時代はインターネットの時代に移っていたため、理想的な評価額を得ることはできなかった。ならば今度は時代のど真ん中で勝負しよう、憧れのスティーブ・ジョブズを追い抜こうと決意し、スマートフォン・メーカーを立ち上げる。ファッションからプレゼンスタイルまでスティーブ・ジョブズそのままだと揶揄されたが、圧倒的な売り上げを実現し、創業わずか4年で評価額450億ドルという怪物的企業を生み出した。

過去30年間の中国経済の軌跡

彼らの破天荒な人生を通じて過去30年間の中国経済史が透けて見える。転機となったのは1984年、1992年、そして2001年だ。1970年代から始まった改革開放だが、1984年に政府が民間企業創設を促したことで、一気に「下海潮」（公務員や国有企業社員から民間企業に転職するブーム）が広がる。柳や任のような輸入代行業や宗のような高い技術を必要としない製造業が中心だった。

天安門事件によって中国は経済制裁が科され、経済は大きな打撃を受ける。その後、貿易が回復するなか、鄧小平は1992年の南巡講話によって市場経済路線の堅持を宣言し、さらなる外資受け入れの門戸を開く。それまでは複雑な規制や許認可によって守られてきた中国企業は強い外圧にさらされたが、この試練に打ち勝った企業がトップランナーの座についた。

2001年の世界貿易機関（WTO）加盟も中国経済の転機となった。海外への輸出が促進されたのはもちろんだが、加盟条件として国内のさまざまな規制が緩和されたことで、経済成長はさらに加速。2009年には日本を追い抜き、世界第二の経済体へと成長する。

2008年にはリーマンショックが起きたが、中国は積極的な財政出動と金融緩和によって世界経済の中でもいち早く回復基調に転じた。ただし、この時の過剰投資がバブルを生み出し、さまざまな弊害をも作り出してしまった。その一方で豊富なマネーが豊かな消費社会を作り出す原動力となったことも事実だ。

消費の時代を迎えた中国だが、2010年代からはモノ消費ではなくコト消費、すなわち体験を重んじる消費こそが次なる成長スポットだとの認識が広がっている。映画やスポーツ、レジャーという分野に多額の投資が注ぎ込まれ、活況を呈している。

創新の時代

改革開放以来の中国経済の歴史を駆け足で見てきた。では2017年現在の中国はどのような時代を迎えているのだろうか。

本書のテーマである企業家に焦点をあてると、元公務員や元軍人からの下海組はすっかり消え、国内外の名門大学でMBAを取得した高学歴経営者の時代が到来しつつある。

1980年代に成功した成り上がり社長たちにも代替わりの時期が迫っており、破天荒な魅力を持つ怪物的経営者が活躍する伝説の時代は終わり、まじめ人間の時代へと移り変わりつつある印象だ。「励志書籍」ファンとしてはなんとも寂しいというのが本音だが、経営者の個性は以前ほどではなくとも、企業のビジネスモデルやアイディアとしては以前よりもはるかに面白い時代を迎えているとも言える。

かつての中国企業は海外からビジネスモデルやアイディア、技術を導入し、自らのものとすることで成長を遂げた。巨大市場・中国を背景として、中国で成功するだけで世界的な巨大企業になれてしまうという強みもあった。しかし中国国内の市場も飽和しつつあり、また中国経済のレベルも先進国に追いつきつつあるなか、新たな企業は独自のビジネスモデルとサービスを生み出し、模倣ではなく世界の最先端を走らなければならないという宿命を背負っている。

イノベーションを中国語では「**創新**」と書く。いままさに中国は創新の時代を迎えているのだ。2015年3月、中国の国会に相当する全国人民代表大会（全人代）で、李克強首相は「**大衆創業・万衆創新**」（万民による起業、万民によるイノベーション）を提唱した。ベンチャーマインドを持ち、新たな技術開発に挑むよう奨励することで、中国経済をさらに上の次元に引き上げようとしている。

今の中国はＡＩとビッグデータ、スマート・インダストリー、シェアリング・エコノミーなど先進国と同じ課題に取り組んでおり、新たなる時代の先頭ランナーを担おうとしている。

ＡＩ

例えばＡＩとビッグデータの分野では**社会信用システム**が注目を集めている。米国ではクレジットカードの使用履歴を統計的に処理して個人の信用度をはじきだすクレジットランクが広く採用されているが、それをＳＮＳでのつながりの広さ、ネットショッピングの金額や回数、支払い、さらには投資などのデータと統合したビッグデータから、個人の信用度をはじきだすというものだ。

阿里巴巴の芝麻信用、騰訊の騰訊征信など大手ＩＴ企業がリリースしたものもあれば、中央銀行がリリースした社会信用システムも存在する。ネットの履歴をＡＩが見て個人を格付けするとなると、なんたるディストピアだとの印象を受けるかもしれないが、中国はこれを国家政策として推進しているのだ。

中国ではいまだにクレジットカードの普及率が低く、まだ返済がとどこおった時の回収でもハードルが高い。先進国と比べれば個人向け金融は遅れをとっている分野だが、AIとビッグデータを活用することで、一足飛びに世界の最先端に立とうとしている。

まだ本格的な運用は始まっていないが、社会信用システムのポイントを高めれば、シンガポールのビザが取れる、消費者金融の審査が簡便化、ホテル予約やレンタカー予約、図書館の利用にデポジットがいらなくなる、空港の出国検査が簡素化されるなどの特典が始まっている。

ネットで正しい振る舞いをすることでリアルの生活が充実するというちょっと信じられないようなサービスが始まりつつあるのだ。将来的には他のさまざまなデータベースとリンクし、海外旅行中にマナー違反の行動をとると個人的信用が下がる……といった道徳やマナーとリンクする代物に発展する可能性すらある。

スマート・インダストリー

中国ではロボットや管理システムの導入が大々的に始まっている。労働人口が減少に転じる中、製造業のバージョンアップが必要だとして、政府は「中国製造2025」計画を発表。スマート・インダストリーへの転換を支援する姿勢を示している。

さまざまな企業が取り組みを続けているが、ここではマサチューセッツ工科大学（MIT）をはじめとする研究機関、英誌『エコノミスト』や日本のNHKなどの海外メディアからも注目を集める深圳市黒雲信息技術有限公司（アッシュクラウド）についてご紹介したい。

黒雲の創業者は台湾出身の陳冠義《ちんかんぎ》（1976年生まれ）。大学卒業後、徴兵を経て2000年に深圳のスマートフォン・アクセサリー製造企業に就職。2004年にOEM（相手先ブランドによる生産）のスマートフォン・アクセサリー製造企業である黒雲を創業した。スマホケースやセルフィー・スティックの製造を手がけ、主に欧州市場に輸出している。欧州スマホケース市場では70％のシェアを占めている（メディア・マーケット調べ）。2016年の売り上げは約2億5000万元（約40億9000円）。

製造している商品は決して高付加価値ではないが、企業の生産管理や経営情報を一括管理するERPシステム（基幹システム）で注目を集めている。材料調達、労働者管理、生産状況、配送状況などの情報がiPhoneアプリで一覧できるようにされている。さらに電力や水の消費量、工場のエレベーター一つ一つの電力消費まで、およそ不必要と思われる情報まで、すべてがシステムに統合されている。お昼ご飯の出前注文までアプリからできるという徹底ぶりだ。

同社広報からERPシステムの説明を受けた時、あまりの徹底ぶりにあぜんとした。「これはもう趣味の世界ですよね?」と聞くと、「ばれましたか」との答えが返ってきた。

偏執的なまでのこだわりは陳冠義のパーソナリティーが強く影響している。同氏はデザインへのこだわりが強く、社員にはマックとiPhoneが支給されているほか、オフィスはオーダーメイドの木製デスクで統一されるなど内装もこだわりぬかれている。工場も余裕を持った、美観に配慮した配置がなされている。私が中国で訪問した中でもっともオシャレな工場だ。

黒雲の工場。
(2017年3月筆者撮影)

趣味の世界で始めた黒雲の取り組みに周囲が追いついてきたということだろうか。美観に配慮した工場設計により労働者の離職率は周囲と比べても著しく低くなった。工員確保に悩む同業者にとってはなんとも羨ましい話だ。また偏執的なまでのこだわりで情報統合を実現したＥＲＰシステムは経営の効率化につながるとして注目を集めている。

現在、同社はオープンデイを設けているが、多数の中国人経営者が視察に殺到している。激しい競争が繰り広げられている中国製造業において、利益を確保するために新商品の開発やブランド構築、ＥＣなど新たな販売ルートの構築が進められてきたが、製造プロセスの改革も新たな道であることが認識されつつある。

シェアリング・エコノミーの旗手となった中国

そしてシェアリング・エコノミー。日本ではＡｉｒＢＮＢが有名だが、実は日本国内の民泊では、最大手はすでに中国の自在客に奪われている。日本が民泊規制でえんえんと議論している間に中国はともかくやってみよう精神で先に進んでいるのだ。

総じて規制とニュービジネスの関係を見た時、中国はブラックリスト、日本はホワイトリストという大きな違いがある。日本では新しいビジネスが立ち上がる前に法律でＯＫなのかを考え、可能なものだけに取り組む、許されたサービスのリスト＝ホワイトリストのビジネスしかなかなか進展しない。

一方で中国ではブラックリスト、すなわち明示的に禁止されるまではグレーゾーンでもともかくやってみようという方針だ。ホテルに関する規制では中国のほうが日本よりも厳しいぐらいだが、現時点では民泊についてはほぼ野放し状態。問題が多発してから取り締まる範囲を決めるという中国政府の態度が象徴的に示されている。

ともかく中国政府は新しいビジネスで世界のトップに立つという目標を掲げているのだ。少々の失敗や損失は許容範囲、まずはやれ、ダメなら取り締まるという精神である。

民泊と並ぶシェアリング・エコノミーの代表格、配車アプリでもその精神は生かされた。中国ではタクシー業界保護のために厳しい規制が課せられているので、本来ならば日本と同じくカーシェアリングなど許されないはずだ。ところが「目的地まで移動する時間、レンタカーを貸しているだけです。ついでに運転代行でドライバーも手配しました」といった言い逃れによって、無理やりサービスをスタートさせてしまったのである。

かくして無数の配車アプリが誕生、米国のウーバーも参入した。この戦いに勝利したのは中国の滴滴出行である。ウーバーは事業売却して撤退を決めている。eBayとアリババの戦いを彷彿とさせる展開だ。

滴滴出行を率いるのは柳青《りゅうせい》。なんとあの聯想の創業者、柳傳志の娘である。1978年生まれの柳は北京大学コンピューター学部を卒業後、ハーバード大学に留学。その後、ゴールドマンサックスに就職し、アジア区総理事の要職についた。２０１４年に滴滴出行のＣＯＯに就任、翌年には総裁として企業トップの座についた。

配車アプリはいかにユーザー数、カバー範囲を増やすかという戦いである。運転手に対する教育などネットだけでは済ませられないローカルの拠点がどうしても必要となるからだ。中国ＩＴ業界のサラブレッドである柳青は騰訊、阿里巴巴、聯想など名だたる大企業からの出資を取り付け、潤沢な資金を用意。さらには利用者、ドライバーに対する補助金をばんばん垂れ流し、一気にシェア拡大に走った。

ライバルだった快的打車との合併にも成功し、敵はウーバーだけとなったが、中国企業の強み、後ろ盾の大きさによって地域展開のスピードで圧勝。中国カーシェアリング市場の覇者となった。

戦いの行く末を見極めた中国政府は配車アプリ事業に対する規制を発動、使用する車の条件や補助金の禁止を決めた。後発参入組としてはハードルが上がっただけに、現在のトップに挑戦することがなかなか難しい状況だ。政府との太いパイプも滴滴出行の勝利に結びついたと言えるのかもしれない。

シェアサイクルが台風の目に

カーシェアリングに続くシェアリング・エコノミーの目玉は自転車、シェアサイクルだ。歩道に停めてある自転車をスマホで認証すると、即座に使用が可能。下りたい場所でロックして放置するだけで後はそのままでいいという代物だ。料金はスマホの第三者決済で支払われる。

自転車があちらこちらに乗り捨てられてしまうのではないか、自転車を盗む人が多いのではないかなどなどダメな理由はいくらでも思いつくが、ともかくチャレンジしようというのが中国流である。日本では東京都の試験サービスとして、駐輪場間での乗り捨てサービスが運用されているが、これでは駐輪所までは結局歩く必要がある。

目的地まで自転車で移動できてしまうというのがキモだ。サービス登録時に徴収するデポジットによって潤沢な資金が得られること、移動のビッグデータを集められることで将来性が高く評価されることもあり、投資ファンドが続々と高額の資金を提供する人気ジャンルとなっている。

現在、シェアで先行しているのは**Ｍｏｂｉｋｅ（摩拜単車）**。創業者の王暁峰《おうぎょうほう》はテンセントやＰ＆Ｇ、そしてウーバーなどを転々としたエリートサラリーマンだ。２０１５

年秋にウーバーを辞職し、モバイクを立ち上げた。四輪では滴滴出行に勝てなかったが、二輪ならば勝負になるというわけだ。

かつて自転車王国として知られた中国だが、豊かになり、都市が拡大するにつれて、自転車の利用者数は減っていった。しかし現在では道路の渋滞や公共交通機関の混雑が社会問題化する中で、自転車移動の便利さが見直されている。好きな時に乗れて好きな場所で下りられるシェアサイクルは中国の都市では最高の移動サービスとなる。

もっともこれだけの注目ジャンルとあって続々と新規参入者が登場。シェア2位のｏｆｏも激しく追い上げており、最終的な勝者がどの企業になるのかはいまだに分からない。モバイクですら現在のサービス提供都市は22都市にとどまっており、今後どれだけのペースでサービス地域を拡大できるかが鍵となりそうだ。

また自転車のポイ捨てや破壊、自分がいつでも使えるようにと自宅マンションに自転車をキープする人が現れるなどマナー問題も深刻化しつつある。問題があっても、その比率が一定以下ならばサービスとして成り立つというのがシェアサイクルのソロバン勘定だが、本当に成立するのか、たんに投資を集めただけの徒花で終わるのではないかなど興味は尽きない。

深圳をメイカーズ・ムーブメントの拠点に

今、中国の中でも最もビジネスの活気にあふれている街が広東省深圳市だろう。経済特区として改革開放の礎を築いた都市は、新たな成長の起爆剤になろうとしている。深圳の新たな動きについては、高須正和『メイカーズのエコシステム　新しいモノづくりがとまらない。』（インプレスR&D、2016年）に詳しい。

電子機器産業を中心とした製造業の街として栄えた深圳には巨大なサプライチェーンが揃っている。設計から部品製造、組立、検査、認証など必要なものすべてが一つの都市に凝縮されているため、他の場所では考えられないほどのスピードでハードウェアの開発が可能となるのだ。

ここ数年、深圳は「創客之都」（メイカーの都）を名乗るようになった。メイカーとは『MAKERS 21世紀の産業革命が始まる』（NHK出版、2012年）の著者であるクリス・アンダーソンが定義した言葉だ。デジタル技術の発展によりものづくりのハードルが下がり、趣味としてハードウェアを作る人が増えた。クラウドファンディングなど、その製品を量産し販売するための手段も整った。趣味としてのものづくりをする人々から独創的なアイディアが生まれ、画期的な商品を生み出す企業として育っていく。その全体的な流れがメイカー・ムーブメントと呼ばれ、新たな形のものづくりに参画する人がメイカーである。

デジタル技術でものづくりが容易になったとはいえ、それでも物質を扱う以上、デジタル情報だけを扱う場合と比べればハードルは高い。巨大なサプライチェーンが揃い、またビル全部が部品売り場という電子市場がいくつも立ち並ぶ深圳はメイカーのものづくりにとって理想的な場所となっている。

深圳のメイカー・ムーブメントにおいて中心的な人物となっているのが潘昊《はんこう》（エリック・パン、1983年生まれ）だ。重慶大学卒業後にインテルに入社したが、魅力的な仕事と感じられずに退社。その後は中国全土を自転車で回るなどヒッピーのような生活を送っていた。

2008年に深圳に移り住み、Seeed社を創業する。「メイカーたちのためのメイカー」をスローガンとして、個人でものづくりをするメイカーたちのための超小ロットでのプリント基板製造という事業を始めた。その際にも注文された基板データをオープンにして共有できる機能だった

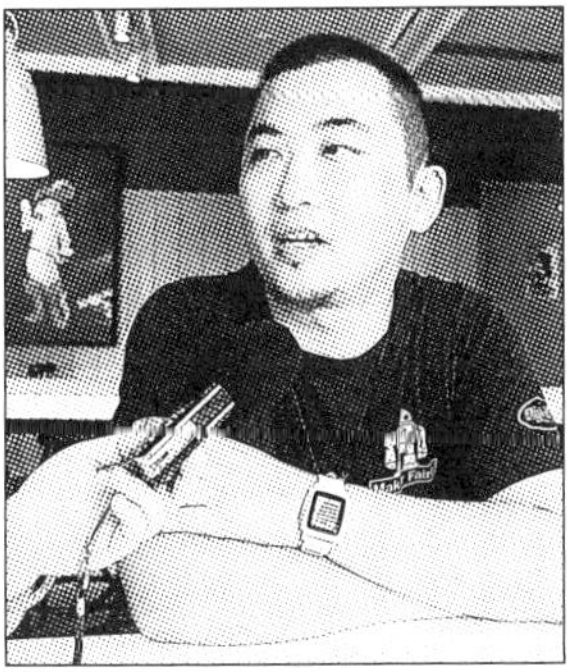

エリック・パン氏。
（2016年10月筆者撮影）

り、メイカーの製品を販売できるストアを用意することで、メイカーの活動を支援する姿勢を打ち出している。

このメイカー・ムーブメントに中国政府も目を付け、産業転換の力になるのではと考えるようになった。2015年には李克強《りこくきょう》首相がSeeedを訪問し、深圳では「**創客**（**メイカー**）**ブーム**が湧き起こっている。

コピーからオリジナルへ、「山寨王」の変貌

メイカー・ムーブメントというと、趣味から始まるものづくりというなにやら楽しげなものに思えるが、深圳地場企業から見ると別の姿も見えてくる。「生き延びるための選択肢」と断言するのが中国で製造機器メーカーを経営する呉燁彬《ごようびん》氏だ。

同氏もエリック・パンと同じく1983年生まれ。深圳大学を中退後、インテルなど大手電子機器メーカーで働き、2009年に創業する。その名を高めたのは2010年のこと、世界最速で「iPad」のコピー品を作ったことで「**山寨王**《さんさいおう》」と呼ばれるようになったのだ。もっとも本人は「たまたま似ていただけ。同じ時期にアップルと私が同じ製品を研究していただけですよ」と笑う。

山寨とは山の中にある砦という意味だ。2000年代、中国では山寨機と呼ばれる、政府の製造認可を受けていないノンブランド携帯が大量に流通した。その中にはノキアなど海外大手メーカーの製品を模倣したコピー製品も大量に含まれている。以後、山寨とはノンブランド、コピー品などの意味で使われるようになった。

いかにして呉は世界最速で「山寨iPad」を作り出したのか。実はiPadの発売前から呉は情報を知り、基板の設計やタッチパネルの調達準備などを進めていた。中身の準備はあらかた済ませ、製品発表後にはほぼ外側を作るだけという状態にしていたのだという。そのためiPad発売からわずか60日後には山寨iPadの発売が可能になった。

深圳での製品作りはスピードが命だと呉は言う。深圳はコピー商品の天国だ。どんな新製品を作り出してもすぐに模倣されてしまうが、追随する商品が出るまでの期間は高価格で販売することができるため、高い利益をあげることができるという。

利益が上がらないのはコピー製品も同じだ。iPhoneやiPadなどの人気商品は複数の業者がコピー商品を販売する

「山寨王」こと呉燁彬。2016年、中国で流行していた党章書き写しに取り組んでいる。（本人提供）

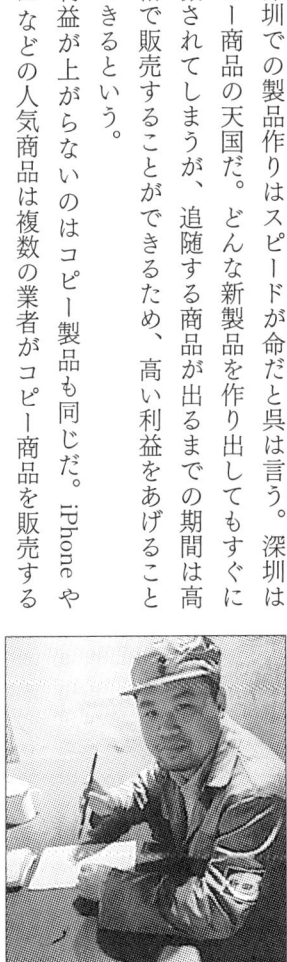

ため、やはり競争の末に価格が下落してしまう。模倣と同質化の嵐が吹き荒れているのだ。競争の果てに利益率は極限にまで縮小し、ほとんど利益があげられなくなってしまう。悪性の競争を抜け出すためには常に新商品を作り続けるしかない。

山寨iPadで**第一桶金**をつかんだ呉は自らの工場を設立。その後もMacBook Airそっくりのパソコンを開発するなど、新商品を次々と送り出していった。中国の知的所有権保護が強化されると、独自の製品の開発にも乗り出す。その中で生まれたヒット商品が2014年に開発したスティックPCだ。今や日本でもよく見かける定番商品だが、世界で最も早く開発したのは呉だという。呉が経営するMeegopad社のスティックPCは日本でも販売されている。

シャープや東芝の衰退など日本製造業は危機に陥っているかに見えるが、呉の視点からはまったく違う世界が見えている。「素材や核心的パーツなど付加価値が高い部分はすべて日本など先進国が掌握したままです。中国が一朝一夕で追いつくことはできませんし、もし可能だったとしてもそれは政府の支持を受けた大企業です。大多数の中国企業は低付加価値の製造、組立という分野に甘んじるほかありません」と危機感をあらわにする。もしインドや東南アジア諸国など中国よりも労働コストの安い国で製造業が成長すれば、中国製造業は壊滅する可能性もあると危機感をあらわにした。

「この先半年をどう生き延びるか」が常に課題だと呉は言い切る。そのためにカーナビのOEM生産という手堅い仕事も手がける一方で、メイカーとの連携という独創的な事業にも挑んでいる。画期的なアイディアを商品化することで、より高い利益率が得られる（少なくともコピー商品がでるまでは）という考えだ。そのために新たなチャレンジを続けているが、悪戦苦闘の日々だという。

「インテルからの支援金を得て、IoTカップを製作しました。「そろそろ水を飲んだほうがいい時間です」など音声でアドバイスをくれるスマートデバイスです。販売にまでこぎつけましたが、1個300元（約4万9000円）という値段が災いして全世界で2000個しか売れませんでした。こちらの防寒着はヒーターやGPSを搭載したものですが、私にはアパレルのノウハウがないから無理との結論にいたり開発を中止しました」と呉。

「アフリカの馬雲になる」

メイカーとの提携もいばらの道だが、それでも生き延びるためには仕方がない。さらに呉はアフリカへの進出も試みている。すでにエチオピアに工場を開設した。エチオピアならば労働コストは安い上に、ヨーロッパには無税で輸出できる。またアフリカにはまだ電子機器製品が少なく、中国国内よりもずっと高い価格で販売できるのだという。「中国の人口ボーナス（労働人口の増加）は終わりました。私たちのような製造業は東南アジアや中東、アフリカのような人口ボーナスが続く地域を追いかけていくほかありません」と、呉はアフリカ進出もやむにやまれぬ選択だったと明かす。

半年先を生き延びるために必死だという呉だが、その一方で壮大な夢も追っている。それがアフリカでの充電スタンド事業だ。太陽光発電で動く充電スタンドでは無料でスマートフォンの充電ができるほか、映画や音楽のダウンロードができる。ユニークなのはこの充電スタンド自体はインターネットに接続されていない点だ。中にハードディスクが入っており、定期的に入れ替えることで中のコンテンツを更新する。アフリカには無電化地域、インターネット未開通地域が多い。そうした地域の人々も利用できるサービスである。

この充電スタンドの利用は無料だ。ただしスマートフォンに専用アプリをインストールする必要がある。「将来的にアフリカは巨大な消費市場となるはずです。その時、アフリカ人のスマホには私のアプリがインストールされています。広告やECのプラットフォームとしてアプリは活用されるようになるでしょう。この事業が成功した時、私はアフリカの馬雲になるのです」と夢を語っている。

呉のアフリカ事業が成功するかどうかはわからない。独創性と野心に満ちあふれた彼にとっても企業の生存に必死なのだ。これは中国全体の縮図といってもいい。巨大な人口を抱える中国は常に猛烈な競争にさらされており、気を抜けばまたたく間に破滅してしまう。

中国で英雄の活躍する乱世は終わりつつあるが、それでも猛烈な競争を生き残るための若き経営者たちの戦いは続く。その中には呉のように生き延びるための道を必死に探し、新たなアイディアと選択に運命を賭ける者も多い。

彼らが存在する限り、中国経済と企業の熱はまだまだ続くだろう。

「なんでそんなに中国がお好きなんですか？」とよく聞かれる。こう言ってくるのはだいたいが中国嫌いの人だ。

逆に「中国の悪いところばかりあげつらって楽しいんですか」と言われることもある。こちらは中国好きの人の発言である。好きか嫌いかの二択で問い詰められると困ってしまう。

近年、日本では中国に対する反感が強まっている。書店に行けばいわゆる反中本が並んでいる。一方で、昔ながらの中国シンパも少なくない。だが、好きか嫌いかの二者択一を決めてしまえば、自然と先入観によって物事を素直に見られなくなってしまうのではないか。

私が20年以上にわたり中国について勉強し、文章を書いてきたのは、好悪からではなくただ単純に「面白い」と感じたからだ。まずは素直に出来事、事物に接し、感じた驚きについてじっくり考えてみる。私の仕事はこの繰り返しだ。年をとれば惰性と感性の摩耗によってなかなか面白がれなくなるものだが、中国はいまだに新鮮な驚きに満ちている。その意味ではありがたい存在なのだろう。そして、これからも中国について「面白い」と感じた驚きを伝える仕事ができればと考えている。

というわけで、なにかに驚くたびに仕事のタネができるわけだが、その中でも中国の企業家たちの個性は最大級の衝撃だ。

「明治維新と高度経済成長が一緒にやってきた」激動の時代、日本の10倍の人口から登場した強烈な個性、複雑な中国の規制や法制度をくぐり抜けるためのアイディアなどなど、素材としては100％の面白さは保証されている。この面白さをそのまま皆様にお伝えし、中国ビジネスの空気感が伝われば、本書の目的は成功と言えるだろう。

中国経済のプレゼンスは今後高まることはあっても落ちることはない。日本で仕事をしていたとしても、なにかしらの関わりは必ずあるはずだ。その時に本書のエピソードが皆さんの助けになれば、これに勝る喜びはない。

本書の執筆にあたっては多くの人々の助けを借りた。取材に協力してくれた人々はもちろんのこと、多くのご教示をいただいた友人たちに感謝したい。また執筆が極度に遅れがちな筆者に鞭打ち奮い立たせてくれた担当編集者の平林《ひらばやし》 緑萌《もえぎ》氏、そして筆者を支えてくれた家族にもお礼の言葉を述べて筆をおくこととする。

２０１７年2月吉日　小岩にて

●日本語文献

伊藤亜聖『現代中国の産業集積――「世界の工場」とボトムアップ型経済発展――』名古屋大学出版会、2015年。

大橋英夫、丸川知雄『中国企業のルネサンス（叢書中国的問題群6）』岩波書店、2009年。

王曙光『海爾（ハイアール）集団――世界に挑戦する中国家電王者――』東洋経済新報社、2002年。

王利芬、李翔『Alibaba　アリババの野望　世界最大級の「ITの巨人」ジャック・マーの見る未来』角川書店、2015年。

加藤弘之、久保亨『進化する中国の資本主義（叢書中国的問題群5）』岩波書店、2009年。

梶谷懐『日本と中国経済：相互交流と衝突の100年』ちくま新書、2016年。

小島麗逸『現代中国の経済』岩波新書、1997年。

週刊東洋経済編集部『アリババの正体――週刊東洋経済eビジネス新書』東洋経済新報社、2014年。

徐方啓『柳傳志――聯想をつくった男――』ナカニシヤ出版、2007年。

高須正和『メイカーズのエコシステム　新しいモノづくりがとまらない。』インプレスR&D、2016年。

陳潤、永井麻生子訳『シャオミ　世界最速1兆円IT企業の戦略』ディスカヴァー・トゥエンティワン、2015年。

陳潤、永井麻生子訳『中国のスティーブ・ジョブズと呼ばれる男：雷軍伝』東洋経済新報社、2015年。

張燕、永井麻生子訳『ジャック・マー アリババの経営哲学』ディスカヴァー・トゥエンティワン、2014年。

張剛、永井麻生子・王蓉美・王彩麗訳『アリババ帝国　ネットで世界を制するジャック・マーの挑戦』東洋経済新報社、2010年。

鄭作時、漆嶋稔訳『馬雲のアリババと中国の知恵』日経BP社、2008年。

中川涼司『国際経営戦略――日中電子企業のグローバルベース化』ミネルヴァ書房、2000年。

中川涼司『中国のIT産業――経済成長方式転換の中での役割』ミネルヴァ書房、2007年。

中村則弘『台頭する私営企業主と変動する中国社会』ミネルヴァ書房、2005年。

中村正毅、週刊ダイヤモンド編集部『再興 ハイアールアジア　旧三洋電機の逆襲 週刊ダイヤモンド 特集BOOKS』ダイヤモンド社、2015年。

樋口兼次、范力『現代中国の集団所有企業――工業合作社・集体企業・郷鎮企業の発展と改革』時潮社、2008年。

ビル・フィッシャー、ウンベルト・ラーゴ、ファン・リュウ、松本裕訳『ビジネスモデル・エクセレンス ハイアールはなぜ白物家電の王者になれたのか』日経BP社、2014年。

本田英夫『中国のコンピュータ産業』晃洋書房、2001年。

丸川知雄編『中国産業ハンドブック 2007~2008年版』蒼蒼社、2007年。

丸川知雄、中川涼司編『中国発・多国籍企業』同友館、2008年。

山谷剛史『中国のインターネット史 ワールドワイドウェブからの独立』星海社、2015年。

李雪『中国消費財メーカーの成長戦略』文眞堂、2014年。

凌志軍、漆嶋稔訳『聯想――中国最強企業集団の内幕――』上・下、日経BP社、2006年。

●中国語文献

采文『順勢而為：雷軍伝』ハルピン出版社、2014年。

陳潤『創始人1984：中国商業教父的時代命運與崛起重生』華中科技大学出版社、2015年。

遅宇宙『宗慶后：万有引力原理』紅旗出版社、2015年。

猪亜玲『雷軍：从金山軟件到小米手機』中国鉄道出版社、2013年。

華牧『創華為：任正非伝』華文出版社、2017年。

柳潤墨『王健林的万達帝国：中国新首富的地産王国』石油工業出版社、2014年。

劉淑霞『馬雲伝　伝記袖珍館第4集』ハルピン出版社、2013年。

羅宏文、快車君、趙暁萌、寇尚偉『娃哈哈区域標桿：豫北市場営銷実録』中華工商聯合出版社、2016年。

洛瑜『王健林（締造万達帝国的新亜洲首富）』新世界出版社、2016年。

孫力科『任正非：管理的真相』企業管理出版社、2014年。

魏昕『寂寞大佬任正非』中国商業出版社、2014年。

呉暁波『非常営銷：娃哈哈中国最成功的実戦教案』浙江人民出版社、2002年。

呉暁波『激蕩三十年：中国企業1978－2008』中信出版社、2014年。

呉暁波『騰訊伝1998－2016』浙江大学出版社、2016年。

徐剣英『中国最狂的総裁——馬雲』四川数字出版伝媒有限公司、2014年。

曹仰鋒『海爾転型：人人都是CEO』中信出版社、2014年。

熊玥伽、呉迪『大合併漩渦：互聯網時代的中国式弁購』新世界出版社、2016年。

張利華『華為研発（第2版）』機械工業出版社、2013年。

張瑞敏『海爾是海：張瑞敏随筆選録』機械工業出版社、2015年。

趙凡禹『任正非正伝』華中科技大学出版社、2010年。

中共中央文献研究室編『改革開放三十年大事記』中央文献出版社、2009年。

周君蔵『任正非這個人』中信出版社、２０１１年。
『人物　月刊』人民出版社、２０１５年第２期。

星海社新書
108

現代中国経営者列伝《げんだいちゅうごくけいえいしゃれつでん》

二〇一七年 四 月二五日 第 一 刷発行

著者 高口康太《たかぐちこうた》

発行者 藤崎隆《ふじさきたかし》・太田克史《おおたかつし》

編集担当 平林緑萌《ひらばやしもえぎ》

発行所 株式会社星海社
〒一一二-〇〇一三
東京都文京区音羽一-一七-一四 音羽YKビル四階
電 話 〇三-六九〇二-一七三〇
FAX 〇三-六九〇二-一七三一
http://www.seikaisha.co.jp/

発売元 株式会社講談社
〒一一二-八〇〇一
東京都文京区音羽二-一二-二一
(販 売)〇三-五三九五-五八一七
(業 務)〇三-五三九五-三六一五

印刷所 凸版印刷株式会社

製本所 株式会社国宝社

アートディレクター 吉岡秀典《よしおかひでのり》(セプテンバーカウボーイ)

デザイナー 五十嵐《いがらし》ユミ

フォントディレクター 紺野慎一《こんのしんいち》

校閲 鷗来堂《おうらいどう》

ISBN978-4-06-138613-6
Printed in Japan

星海社新書ラインナップ

60 中国のインターネット史 山谷剛史

6億人の巨大国家、ネット上に出現!!

Googleなどの西側サービスを遮断し、ネット上で独立国の様相を呈する中国。政府主導のネット導入から現在までの20年を、この道14年の専門家がはじめて通史的に記述する！

23 僕たちのゲーム史 さやわか

果たしてゲームはつまらなくなったのか？

気鋭の著者が日本のゲーム史を、「ボタンを押すと反応する」「物語の扱い方の変化」という二点から読み解く。思い出語りやハード戦争などを排した、新しく豊穣なゲーム史がここに！

84 インド人の謎 拓徹

なぜ、カレーばかり食べているのか？

神秘、混沌、群衆……とかく謎めいたイメージのつきまとうインドですが、神秘のヴェールを剝いでしまえば「普通の国」!? インド滞在12年、気鋭の著者による圧倒的インド入門書！

SEIKAISHA SHINSHO

次世代による次世代のための

武器としての教養
星海社新書

星海社新書は、困難な時代にあっても前向きに自分の人生を切り開いていこうとする次世代の人間に向けて、ここに創刊いたします。本の力を思いきり信じて、みなさんと一緒に新しい時代の新しい価値観を創っていきたい。若い力で、世界を変えていきたいのです。

本には、その力があります。読者であるあなたが、そこから何かを読み取り、それを自らの血肉にすることができれば、一冊の本の存在によって、あなたの人生は一瞬にして変わってしまうでしょう。思考が変われば行動が変わり、行動が変われば生き方が変わります。著者をはじめ、本作りに関わる多くの人の想いがそのまま形となった、文化的遺伝子としての本には、大げさではなく、それだけの力が宿っていると思うのです。

沈下していく地盤の上で、他のみんなと一緒に身動きが取れないまま、大きな穴へと落ちていくのか？　それとも、重力に逆らって立ち上がり、前を向いて最前線で戦っていくことを選ぶのか？

星海社新書の目的は、戦うことを選んだ次世代の仲間たちに「武器としての教養」をくばることです。知的好奇心を満たすだけでなく、自らの力で未来を切り開いていくための〝武器〟としても使える知のかたちを、シリーズとしてまとめていきたいと思います。

2011年9月

星海社新書初代編集長　柿内芳文

SEIKAISHA SHINSHO